La valise du frisé

Corine Gonzales

Auto edition

je dedie cet ouvrage

Pour Maman :
Pour mes enfants :
Victoria et Samuel.
Pour mon petit-fils :
Dényss.

Et
A la mémoire :
De mon oncle Frisé.

Petit poème pour Maman :

Le temps s'était arrêté pour conter
Suspendu à ses mots enchantés
Qui, attendent d'être libérés.
Visualisant avec mes pensées ce temps écoulé
Permettre à l'écriture de relier le passé avec la réalité
Ces photos protégées par un voile de papier léger
Où mes ancêtres attendent
sur leurs clichés d'être ressuscités.

Ces mots immergeant de la mémoire
Reflétant dans un miroir
Notre histoire.

Ces lettres magiques qui remontent de nos cœurs
Avec toutes leurs forces et leurs douceurs
Pour suivre ce fil conducteur
Où commence le bonheur
Pour voir s'ouvrir
Les portes de l'éternité.

Corine

Prologue

Début du confinement :

Le 17 mars 2020

Dû au virus « la Covid 19 »

corine , actuellement :

Tout commença par le secret d'une valise qui m'était réservée paraît - il que je ressortis du dessous de mon lit au début du confinement, comme beaucoup, j'ai décidé de faire un peu de rangement puisque pas mal de temps nous était offert à cause de cette pandémie... qu'elle fut ma surprise de la retrouver là qui m'attendait sagement. Elle appartenait à mon grand-oncle « frisé » que j'ai aimé profondément. Durant toute mon enfance et jusqu'à son départ pour ce monde inconnu où se retrouvent les plus belles âmes.

Il m'entoura de tout son amour comme une puissance et une force qu'il a voulu me léguer, le plus bel héritage qui soit, même aujourd'hui tonton, tu sais ton esprit est encore bien présent en moi. Tu es cet homme que toute ma famille connaît sans ne l'avoir jamais rencontré.

Dans un premier temps cette valise, je la découvris au fond du grenier de la maison de mes parents il y 2 ans.... Après leur déménagement pour la maison de retraite, je pris grand soin de la garder parfaitement rangée. Jusqu'à aujourd'hui je n'avais pas eu le temps de l'ouvrir, mais comme maintenant j'ai toute la liberté souhaitée, je vais pouvoir découvrir les trésors qu'elle peut m'offrir et me dévoiler. Tous ses bouts de toi et de ma famille parfaitement conservés grâce à ton sens de l'ordre et du devoir. Avec maman, ta nièce a qui tu as offert aussi tant d'amour, je vais pourvoir assembler ses fragments de vie pour reconstituer tel un puzzle, notre histoire. Proposer un voyage dans le temps, pour vivre des instants magiques, émouvants, remplis d'amour et de courage, le tout relié dans le plus bel ouvrage.

Au cours de cette pandémie, j'ai eu l'idée de relier cette valise à ta souffrance, pour toi ma petite mère, qui était souvent assise sur ton lit, perdu dans tes souvenirs, désorientée. Comment trouver une solution, pour te garder présente dans notre dimension, quand tu étais enfermée derrière des murs sans pouvoir te voir, ni t'approcher..., comme je te trouve régulièrement perdu dans ton passé à me poser la même question que deux minutes après tu as oublié, c'est triste, mais la réalité t'échappe, et moi c'est toi qui m'échappes... alors, l'idée m'est venue de te raccrocher à moi en te téléphonant. Tous les matins, j'espère t'entendre décrocher ton combiné, j'installe mes écouteurs, pour que tu puisses te téléporter à mes côtés comme si le temps s'était arrêté. J'ai voulu composer ce récit avec ton accord, te demander de me conter ton passé, pour que tu puisses reprendre possession de tes facultés, te tendre la main pour t'éviter de glisser sur cette mauvaise pente ou tu t'étais engagée, grâce à ce lien créer et après plusieurs jours d'affilés, nos conversations ont porté leurs fruits, nous étions suspendus à ce fil qui nous permet de communiqué. Au fur et à mesure, ta voie devenait plus claire ainsi que ton discours. Le moment était donc propice pour retourner dans ton passé grâce à la valise de cet homme que tu as tant aimé et me parler de tous ces trésors qu'elle conserve jalousement.

∞∞∞

Alors comme le soleil s'éclipse devant la lune, je vais te laisser maman, toute la place, je serais juste là derrière toi, pour coucher tous ses mots que tu me dictes qui t'évites le précipice. Que l'on puisse faire la séparation sur le papier de nos deux identités, et que tu déroules le fil de ta vie. De cette sombre période est née une histoire vraie… Notre histoire

Maman c'est toi l'étoile, je ne serais que l'écrivaine qui te fera briller.

∞∞∞

Anne , Actuellement :

Maison de retraite le Chasseur.

Je suis une dame de 77 ans qui vit actuellement dans une maison de retraite, où une perte de repère et le manque des seins est une épreuve difficile à vivre, des mesures strictes nous ont été imposées pour notre santé, puisqu'à nos âges nous sommes considérées comme personnes à risque. Je suis donc confinée toute la journée dans ma chambre, il est difficile pour moi d'évoluer dans un espace réduit où tout est effectué par d'autres personnes, même si c'est pour notre confort, toilette, prise de repas, etc.

Non ! Nous ne sommes pas dans un film de science en fiction, mais dans une réalité qui peut être très effrayante,

Cette triste réalité où l'on est plongée défile au journal télévisé... Toute la journée.

Ma seule distraction est la sonnerie de mon téléphone, qui ampli ma chambre de joie

Ce rituel du matin, où elle résonne... cette voix qui me remonte mon ressort, notre relation est marquée par une union étroite et harmonieuse.

Cette voix c'est celle de ma fille qui me lie à la réalité, celle qui me permet de ne pas sombrer

J'ai peut-être décidé que le réel ne l'est pas tout à fait, j'ai choisi une autre réalité pour que cette séparation devienne plus supportable

. Toi, tu me raccroches le wagon de mon présent à celui du passée et du futur, tu me traces des pointillés, des repères, faits de mots clés dans mon esprit pour que je puisse enfin les alignées.

Ainsi je peux continuer d'ancrer ce présent dans le réel pour qu'il continue d'exister...

Mais toi « Corine » tu as préféré me replonger dans mon passé....

Écrire ma biographie c'est ton idée, une immense confiance me lie à toi, je te donne volontiers la main pour te conter ce livre qui voudra retracer les chapitres de ma vie.

Tous les matins, je te transmets l'original, tu me permets grâce à ce lien que tu conserves de dissiper ce brouillard épais qui s'est installé derrière mes paupières, comme un rideau qui tombe à la fin du spectacle. Ce flou qui me laisse juste entrevoir une faible lueur pour distinguer des silhouettes.

Toi qui as le don d'enjoliver la réalité, je te demande de transformer certaines duretés de ma vie, que je n'ai pas envie de citer.

Je te confie le flambeau de la lumière, pour que scintille l'arbre de vie à l'infini.

Je serais ton guide, tu seras l'auteur.

Merci ma fille, pour cet honneur que tu m'accordes.

∞∞∞

Chapitre 1

1942 : Anne

Je me prénomme Anne :

Je suis née le 4 décembre 1942, à la fin de l'automne.

J'étais un petit trésor de taille moyenne, avec beaucoup de cheveux cuivrés qui permettaient déjà de me faire une petite coque au sommet de ma tête et de petites joues rouges que le froid de décembre accentuait ! J'étais de nature très sage...

C'était la guerre en France, avec son lot de misère qu'elle engendre, les conditions de vie étaient très difficiles.

Si je devais décrire de façon détaillée, ces événements et la vie du peuple, il y a 78 ans, il me faudrait noircir des centaines de pages, ce n'est pas le but fixé, ma mémoire risquerait d'être défaillante. Je m'en tiendrais à des faits qui concernent ma propre famille ou des voisins familiers.

Je vais maintenant vous présenter mes parents : ni l'un ni l'autre n'était prêt pour voir arriver le bout de mon nez…
Ils étaient beaucoup trop jeunes ,mon père du prénom de " Charles » était tout juste âgé de 16 ans, avec un physique fluet , des cheveux et des yeux bruns, un air désinvolte, la casquette qu'il portait sur le côté ajouter à la cigarette coincée derrière l'oreille définissait un accoutrement de « mauvais garçon », son accordéon qu'il maîtrisait à la perfection trahissait l'image qu'il souhaitait transparaître. Ma mère « Margot » âgée de 18 ans, était la beauté incarnée avec des traits réguliers, un nez droit et fin, des yeux noirs qui brillaient comme des perles et des pommettes rehaussées sur un visage de poupée le tout encadré par de magnifiques cheveux couleur noir de jais, une allure sauvageonne, relevée d'une prestance inégalée. Ils avaient dû pour se marier avoir recourt pour mon père : au consentement écrit de ses parents, ma mère elle avait la majorité sexuelle….
Tous deux s'étaient rencontrés à « brosserie » entreprise familiale dont mon grand-père était le patron. Il employait son fils au sein même de la fabrique, ma mère était une de leurs ouvrières. Je vous laisse imaginer la suite…

Je fus donc confiée très tôt à mes grands-parents, pour pallier la jeunesse et l'inexpérience de mes trop jeunes géniteurs.

.

« Mon pépé » s'appelait Marius, quand je suis née il était âgé de 52 ans de taille plutôt petite pour un homme, il avait le teint mat, des cheveux châtains avec des yeux bruns rieurs cachés derrière une paire de lunettes à la monture ronde, il portait le costume trois-pièces comme personne.

« Ma mémé » du beau nom de Sophie, était-elle âgée de 49 ans, elle était de taille moyenne avec un visage ovale surmonté de cheveux bruns épais qu'elle coiffait régulièrement en chignon, elle avait des yeux de couleur marron avec un regard d'une immense douceur. Ma grand-mère était de personnalité réservée et distinguée, elle aimait orner ses oreilles de petites boucles en forme de pendentif. Des petites robes noires en chasubles, constitue essentiel de sa garde-robe, (portant encore le deuil de son premier mariage), étaient rehaussées d'une broche en forme de fleur pour toutes les occasions, un rouge à lèvre rosé, était posé sur ses lèvres fines et bien dessinées.

Ils étaient des Artisans « brossier » dans la confection d'outils de nettoyage et de brosse à cheveux. Un magasin permettait de revendre leur fabrication quotidienne.

C'étaient des gens humbles, vaillants qui ne rechignaient pas à la tâche, le temps s'écoulait doucement, dans cette fabrique où la moindre brosse ou balai prenait toute sa place dans une journée pour être réalisé, les doigts faisaient mal, ils étaient abîmés par cette technique qui nécessite de savoir saisir une pincée de fibres exacte et identique pour chaque trou. Je m'arrête là pour l'explication de ce métier ou l'habileté manuelle et un sens du toucher développé est obligatoire, il est aussi parfois réalisé par des malvoyants. Quelques années plus tard, mon père a employé également des personnes aveugles qu'il recrutait aux invalides de Saint-Étienne.

Cette grande bâtisse où nous vivions tous ensemble (enfants, parents, grands-parents, oncle et tante) était nommée « la brosserie », et c'était notre foyer et notre entreprise familiale. Elle était constituée pour le rez-de-chaussée : du local commercial ayant pignon sur rue pour vendre notre production, juste à côté de cette devanture, un porche laissait apparaître une cour intérieure où mon « pépé » garait sa calèche et sa voiture, tout au fond de celui-ci se trouvait : un havre de paix, composé d'un jardin parsemé de fleurs, jouxtant le boxe du cheval qui laissait entrevoir « nos LILAS » ces beaux arbustes, qui s'épanouissaient généreusement au printemps pour nous faire profiter de leurs agréables senteurs, sur la droite, il y avait un hangar contenant la matière première pour la réalisation des balaies et des brosses et à gauche l'atelier de production dirigé par les femmes de la maison.
Le premier étage, ce composait de nos appartements, suffisamment grand pour tous nous accueillir.

Cette cohésion était essentielle pour notre survie, ainsi nous pouvions continuer nos activités mutuelles. Les revenus de la fabrique associés aux salaires de mon oncle « le frisé » qui travaillait dans les mines de fonds de notre région, plus la pension de la guerre de 14/18 du grand-père nous épargnaient bien des désagréments du quotidien. Cette union était notre poumon grâce à elle on pouvait continuer de respirer...

∞∞∞

Mon oncle « Frisé » :

Pourquoi un tel surnom ? Tout simplement à cause de ses cheveux très épais et crépus. Un regard avisé révélait sa personnalité, il était agile et vif comme un félin, futé comme un renard. Ces qualités dans son passé lui furent d'un grand secours cependant ces brèches de son existence antérieure étaient un sujet sensible. Il ne s'épanchait jamais sur ces années, et on le respectait. Il possédait une aura très puissante. Son aspect vestimentaire était très prisé de la gent féminine, toujours tirée à quatre épingles, il était doté d'un charme infaillible.

Cet homme qui inspirait le respect serait arrivé en France en 1942 de KRANI en Yougoslavie pour travailler comme mineur de fond. Il était l'homme le plus gentil et aimant qu'il m'ait été donné de connaître. Il sera l'époux de la fille adoptive de mon grand-père. Il occupera une grande place dans mon cœur à jamais, un guide spirituel qui me conduira sur les chemins de ma personnalité. Grâce à lui plus tard je vais devoir ouvrir mes livres de géographie pour situer où se trouvait ce pays lointain, essayé de comprendre notre langue à travers un accent très prononcé. Me familiariser avec ce surnom « cocotte » qu'il m'offrait en toute simplicité.

Ma cocotte, me disait-il avec tout son amour :

« Tu dois aller à l'école et que tu apprennes bien tes leçons, car tu sais tu seras plus heureuse dans ta vie »

Ses mots résonnent encore aujourd'hui dans mon esprit.

Que devais-je lui répondre ? Cela me rendait fière d'imaginer un seul instant que je pouvais suivre ses sages conseils...

∞∞∞

Chapitre 2

1944 : Anne

En grandissant, je suis devenue une jolie petite fille aux cheveux ondulés de couleur châtain tout en conservant mes reflets cuivrés avec de beaux yeux noirs ornés de grands cils soyeux. Un teint de porcelaine agrémenté de quelques taches de rousseur sur le bout de mon petit nez retroussé qui « jappe à la lune » accentuait mon caractère de petite futée, alors je profitais de ce joli minois pour charmer mes grands-parents et obtenir leurs faveurs. Ils leur étaient impossible de résister à mes espiègleries, je m'amusais ouvertement à leur cacher, dans un placard, brosses ou balaies qu'ils fabriquaient, au fond de leurs hangars.

Par rapport au coup de crayon sur le mur pour mesurer ma taille je n'étais pas très grande sûrement celle d'une enfant de 2 ans, mais ces balais que je transportais au fond de leur atelier, étaient eux très grands, mais j'aimais tellement le regard de mon grand-père à ce moment-là que j'étais prête à fournir de gros effort.
Pourtant le monde n'était pas à la plaisanterie tous les jours, cet homme gentil et prévenant prenait de gros risques au quotidien en accueillant des réfugiés sous son propre toit, essayant de les cacher au maximum dans la cave de son atelier. Alors vous pouvez comprendre que moi et mes balaies que je cachais pouvait l'amuser, le divertir un instant par mes manigances, mais l'heure était grave.

À cette époque, « faire passer » (comme disaient mes aînées), ses pauvres gens qui cherchaient à sauver leurs vies et celle de leur famille est un enjeu de tous les jours, voilà comment mes grands-parents, parents, tantes et oncles ont fait partie de la résistance. Je sais à avoir entendu des brins de conversations des « grands » que c'était très complexe et beaucoup de stratagèmes voyaient le jour pour dissimuler des enfants juifs menacés de mort. Quelques prêtes faisaient de faux actes de naissance pour eux, après ils étaient envoyés direction la Haute-Loire, là-bas, ils trouvaient une terre d'asile où soufflait l'esprit de résistance. Des familles du Chambon sur Lignon et des communes du haut plateau ont fourni des abris à un ou plusieurs enfants, des familles entières aussi.

C'était un épisode que je voulais expliquer enfuit au fond de ma mémoire, celle d'une enfant beaucoup trop petite pour en saisir toutes les gravités et réalités, mais les souvenirs de mes parents ont bercé ma tendre enfance, et aujourd'hui j'en suis fière.

.

En mai 1945 la guerre fut belle et bien finie et le début de l'après-guerre suivit.

∞∞∞

Nous vivions toujours tous à la « brosserie », dans ce quartier de la banlieue de Saint-Étienne qui s'appelle « Deleynaud » encore aujourd'hui, à la ville de la Ricamarie.
Nous avions de quoi manger, et dire que nous étions vraiment malheureux ne serait ni juste ni honnête.
La vie reprenait doucement, et surtout dans le ventre de ma maman, un bébé commençait à prendre un peu de place, et lui donner de jolies

formes. Après toutes ces épreuves que ma famille avait traversées, être à nouveau tous réunis sans craindre le pire était un bonheur inestimable. Ce fut une période de restriction, de courage et d'adversité, qui restera longtemps inscrite dans notre esprit.

J'en ai moi-même hérité par transmission : pas de fromage sans pain ni de sucre laissé au fond de la tasse à café. Tous ces petits détails de la vie du quotidien devenaient un sacrilège si on en oubliait de les respecter à la lettre et de les appréciés à leurs justes valeurs.

Suivi, mai 1946 où la famille c'est un peu agrandi avec l'arrivée de ma petite sœur Alice, cette naissance me transformait moi cette adorable enfant en nounou pas plus haute que trois pommes. Mes journées durent s'organiser en fonctions des besoins de ce bébé avide de nourriture et d'attention. Mes parents me demandaient souvent de la surveiller, elle dormait dans ce grand landau qui était si haut que même sur la pointe des pieds je n'arrivais pas à voir cette petite intruse. Alors je décidais de m'asseoir au niveau des roues de ce carrosse et d'attendre que les heures défilent jusqu'au retour de mes parents. Âgée à l'époque de tout juste 3 ans et demi cette responsabilité ne m'était pas perceptible, c'était plus une sorte de jolie poupée vivante qui n'était pas à ma portée, si elle pleurait je secouais légèrement le berceau pour la distraire et tout simplement cela fonctionnait, l'avantage de l'innocence et l'insouciance.

∞∞∞

J'ouvre ici la parenthèse,

« La victoria »

la voiture hippomobile de « pépé »

Mon grand-père aussi possédait un carrosse, une calèche nommée « Victoria en l'honneur de la reine », c'était son cabriolet a quatre roues, un siège 2 place étaist adjoint sur le coffre où mon pépé menait d'une main de maître son cheval qui y était attelé. Je me transformais en petite princesse bien calée sous son bras protecteur. Il prononçait les mots « aller hu » et notre promenade commençait au doux rythme des cadences des pas du cheval. Quelle allure, il avait pépé, un modèle de savoir vivre et d'élégance.

∞∞∞

Le 27 mai 1947, pour sa première bougie, ma petite « Lili » comme je l'appelle se mis à gambader dans le jardin de notre maison, un pas en avant, un sur le côté, un peu d'instabilité, et

une petite chute sur les fesses, qui lui soutirait un soupir, puis un éclat de rire, je suis heureuse d'avoir peut assister à ce grand moment.
Notre mère me la confiait souvent, je devais la promener dans cette immense poussette, pas simple pour moi de la hisser à l'intérieur. Je n'étais pas très grande en taille, mais avec l'aide de « Lili » qui tordais ses fesses pour se glisser en appuis sur ses mains, le défi était relevé.
Le temps passait et notre complicité naissait…

Cette petite princesse en grandissant devint une jolie petite fille avec un beau visage qu'encadraient de belles boucles blondes. Elle me donnait en permanence la main, me suivait de partout comme si elle avait peur que je la perdre, copiais mes manières d'agir… elle me faisait bien rire.

Le temps s'écoulait doucement et je commençais à être « grandette ». J'avais 6 ans et demi bientôt 7 ans, un besoin de liberté se faisait ressentir, j'avais besoin d'espace. Alice elle, restait la même : une fillette de 3 ans. Elle était toujours dans « mes jambes » et parfois, elle m'étouffait…
— Pourquoi tu es plus gentille comme avant ? me disait-elle
Quoi lui réponde !
— Je ne sais pas « Lili » c'est comme ça, je vieillis, lui répondé-je du haut de mon tout jeune âge.
Elle me regardait alors de ses grands yeux bruns pleins d'inquiétudes et de questions.
— tu veux toujours être ma sœur ?

— Mais oui bien sûr, pour toujours ! Alors pour la rassurer je lui tendais ma poupée préférée du joli nom de « Catherine » avec ses jolis petits souliers vernis et sa belle robe en broderie, tu en prends grand soin, je te la confie.

— Tu peux la peigner si tu veux, mais doucement ses cheveux sont très soyeux, vas demander à maman si elle te prête une de ses belles brosses.

Elle me rendait un très beau sourire, soulagé que je l'aime toujours, en serrant fort « Catherine » contre sa poitrine.

— Oui, je vais demander à maman, me disait-elle en se dirigeant vers la cuisine où ma mère était en train d'équeuter des haricots fraîchement cueillis dans le potager familial.

— Demande lui aussi un verre de lait pour ton goûter,

— Je n'aime pas le lait, tu le sais bien me dit-elle contrarié.... En me tirant la langue.

J'aimais la narguer, l'asticoter... Elle se prêtait fort bien au jeu ma petite sœur chérie.

Après être revenue avec un petit panier de prune et quelques biscuits en tout chaud, donné par maman pour combler notre petit ventre de la faim, elle me regardait avec un air inquiet et m'interrogeais,

— Tu ne trouves pas maman un peu drôle en ce moment ? Elle est souvent fatiguée n'est-ce pas ?

— Ne t'inquiète pas, ça ne doit pas être très grave. C'est sûrement dû à la chaleur. Mais pour moi, il était évident qu'il se passait quelque chose et que

le ventre arrondi de ma mère ne présageait rien de bon… Pas encore un bébé ! Non… Je ne veux pas après c'est encore moi la maman et je n'aimai pas ça…
Je ne me trompais guère, quelque temps après ce jour, nos parents nous apprirent que la famille allait s'agrandir au printemps… encore !

Au cours de cette année nous avons intégré une autre maison au cœur de notre ville minière. Au Chambon Feugerolles, puisque mon père et mon oncle « frisé » travaillaient dans les mines de fond, où l'extraction du charbon, ce fameux minerai « surnommé l'or noir » était la principale activité de la région avec la métallurgie. Ce quartier de Montrambert était divisé en plusieurs cités (où vivait tous nos collègues de dur labeur) la nôtre avait le nom de « Marseille » peut-être pour mettre un peu de soleil dans nos cœurs qui manquait à notre région, seul cet astre était souvent absent, le travail lui ne manquait pas. Les conditions de vie étaient très éprouvantes, la journée commençait tôt, elle était longue, il faisait sombre et chaud… Quand ils remontaient des puits, ils étaient épuisés, couvert de charbon, ils se lavaient aux « lavabos » (bâtiments comportant les douches, appelées aussi la salle des pendus), ils arrivaient propres à la maison, les « gueules noires » restaient aux mines.

Du temps, ma mère et ma tante à la maison préparaient de bons petits plats pour le retour de leurs « hommes » surtout cette dernière qui était follement amoureuse de mon oncle, une belle histoire d'amour était née.

Cet amour fut célébré le 31 décembre 1949, c'était un samedi.

Pour le jour de son mariage, ma tante Simone avait relevé ses jolis cheveux blonds en chignon où ma grand-mère avait glissé quelques fleurs en tissus. Ses beaux yeux bleus étaient rehaussés d'un trait de khôl noir. Elle portait une robe en dentelle de calais, une capeline en fourrure blanche était posée sur ses épaules pour affronter le froid de l'hiver. Ses mains gantées tenaient un petit bouquet de roses blanches, un sautoir en or venait finalisé cette tenue de mariée. Elle était parfaite pour rejoindre l'homme de sa vie. Lui-même apprêter d'un très beau complet en tergal de couleur sombre assorti de belles chaussures parfaitement cirées.

Mon grand-père pour l'occasion avait convié sa famille, ses amis et employés de la fabrique où il avait fait un peu de place pour installer tables et chaises en forme de L. Un banquet serais donné dans ses lieux, tout devait être parfait jusqu'à la « pièce montée » qui était rehaussée de l'emblème des mariés, deux petites figurines posées au sommet de ce beau gâteau. Ma sœur Alice et moimême convoitions cette jolie poupée miniature finement cousue de dentelle. Le marié lui en costume ne nous intéressait pas. Comme j'étais l'aîné et surtout la « chouchou » de ma grand-mère, elle dut trancher à cause de notre dispute d'enfant : c'est à toi que reviens cette petite mariée en souvenir... Me dit-elle comme tu es la plus sage. Tout était facile pour moi, j'étais la plus grande, la plus gentille, mais surtout on avait particulièrement besoin de moi très régulièrement pour m'occuper de Alice. J'etais sa deuxième maman du haut de mes tout justes 7 ans donc quelques faveurs m'étaient réservées pour me récompenser de mes actions de « grande ».

Cette journée se déroula dans une ambiance festive, mon père qui jouait avec agilité de l'accordéon nous fit profiter de ses plus beaux accords accompagnés de ma maman qui chantait tel un rossignol. De belles valses animèrent la fête jusqu'à tard dans la soirée pour la plus grande joie des danseurs.

Chapitre 3

1950 : Anne

En parallèle de notre nouvelle vie à la cité « Marseille » mon grand-père exerçait toujours son travail d'artisan. Il faisait ses tournées accompagnées de sa belle-fille donc ma tante fraîchement mariée qui vivait régulièrement sur un « petit nuage »... J'entends encore mon grand-père qui lui disait Simone tu m'entends ? Aide-moi à charger la voiture au lieu de rêver... Nous avons du travail, on est attendu pour livrer... Ils allaient tous les mardis et jeudi à bord de la voiture familiale qui faisait office de magasins ambulants (une B2 noire de la marque « Citroën » immatriculé : 1922 JA) dans la Loire et poussait jusqu'a dans la Haute-Loire.

Plusieurs fois dans le mois, ils se rendaient aussi dans ses grandes manifestations commerciales qu'étaient les foires autrefois, elles étaient le centre d'une foule d'activités. Ces foires tenaient une grande place dans le cœur des gens, elles étaient pour eux des lieux de vie de grandes intensités.

Les marchés d'avant, et les foires étaient le lieu idéal pour vendre des produits de la terre, beurre, fromage, et bien d'autres.... Comme nos produits de nettoyage, balaie, brosse chiendent et bien sûr pour ses dames de belles brosses en poils de sanglier pour avoir des cheveux brillants, j'ai eu accompagnés mon grand-père dans ses lieux et même très tôt, comme j'étais la plus grande quelques avantages m'étaient accordés.

Mais la santé de mon aïeul déclinait tout doucement (je me souviens de lui coucher dans son lit à écouter son petit poste de radio posé sur une étagère juste au-dessus de son lit). Les journées étaient de plus en plus harassantes pour lui, les femmes de la maison investir les lieux encore plus régulièrement, pour que perdure l'activité, tout en étant présente pour le retour de leurs époux mutuels à la cité. Bientôt mon père prendra à son tour la place au volant de la voiture pour le seconder dans ses tournées... Conduire pour lui devenait très. Fatiguant, il s'essoufflait très facilement, le moindre effort l'épuisait, ses sorties commencèrent à s'espacer progressivement ; alors un matin dans un dernier souffle, il rendit l'âme, son cœur s'était arrêté de battre et avec lui partait cet homme au courage exemplaire, qui nous mit à l'abri du besoin pour continuer de vivre dignement, mon père a pu arrêter son travail à la mine et se concentrer sur l'industrie. Une autre page se tournait laissant derrière nous la satisfaction de regarder l'avenir avec sérénité. Grâce à mon pépé.

Cette année fut celle marquée par deux déménagements. Maintenant nous devions quitter la cité Marseille, pour notre retour à la brosserie. Puis, dans un second temps en suivra un autre, pour la maison de mémé qui se trouvait au cœur d'une vallée verdoyante...

À la suite de la disparition de mon « pépé », mon père arrêta son travail à la mine ainsi que mon oncle « frisé ». Ma tante décida de réinvestir les appartements de la « brosserie » pour être auprès de sa maman. Alors toute la famille reprit du service pour confectionner encore plus de brosses et balais. Notre esprit de solidarité était encore bien présent. Mon père clamait haut et fort « une famille, ça se serre les coudes ». Ma grand-mère fatiguait, elle vieillissait et la mort du grand-père l'avait beaucoup affectée. Pour elle il devenait difficile de vivre tous sous le même toit, surtout qu' avec maman enceinte, les humeurs étaient très changeantes. Il régnait souvent une ambiance de conflit, alors pour éviter tout genre de dispute, ma « mémé » décida de louer à mes parents sa maison, celle qui allait devenir mon

lieu préféré...
Vous serez plus au large disait elle a ma mère surtout avec l'arrivée du nouveau bébé.
C'était un fait réel, mais moi j'étais triste la vie sans « mémé » me sembla bien vide.

Et voilà comment et pour quelle raison nous avons investi la maison de mémé où nous sommes partis vivre pour la naissance de mon frère comme convenue et en accord avec toute la famille. Notre nouvelle demeure était carrée avec des volets verts. Elle était munie d'un escalier pour monter au premier étage. L'entrée de la maison se faisait par une cour extérieure encadrée de très beaux arbres fruitiers, tels que des cerisiers, des pruniers qui donnaient d'excellents fruits que ma mère m'était en bocaux où transformait en confitures pour l'hiver. Elle était aussi pourvue d'un grand potager orienté pleins sud ce qui favorisait de beaux légumes. Cette bâtisse se situait dans une jolie vallée qui s'appelle encore de nos jours Valcherie surplombé du château de Feugerolles où vivait Monsieur le Comte. C'était un homme qui se promenait à cheval sur son domaine et dans ses bois, au milieu de ceux-ci ont trouvaient de très beaux châtaigniers, mais aussi une très grande variété de sapins, de pins, de bouleaux et des noisetiers. Une très grande diversité que dame nature nous offrait pour ma plus grande joie et celle de tous les compagnons de cette forêt. Parmi eux se trouvaient, des petits écureuils, mes préférés. Ils avaient une queue touffue avec de beaux reflets cuivrés (comme ceux de mes cheveux) qui flamboyaient quand le soleil les effleurait de ses rayons. J'aimais prendre le temps de les observés à leur insu au moment où ils descendaient de ses immenses chênes. Ils allaient sans difficulté apparente chercher leurs nourritures pour ensuite s'installer aisément sur une branche afin de décortiquer avec leurs deux petites pattes le fruit de l'arbre (ce fameux gland au goût très amer). C'etait une chance inégalée à condition de ne faire aucun bruit, d'arriver à pas feutré, tout doux, sur ce véritable observatoire qui s'offrait à moi...

Un petit mot d'histoire :

La chapelle bâtiment des lieux a été un centre de pèlerinage depuis le moyen-âge jusqu'à dans les années 1950, des enfants handicapés moteurs issus de la région et d'ailleurs y venaient.

Cette année sera aussi l'année de la naissance de mon jeune frère, Henry. Il sera aussi le dernier et donc restera le benjamin de la famille. Nous étions le 15 mars, le printemps arrivait d'ici quelques jours et il était le bienvenu. Comme ce nouveau bébé qui allait pleurer, gesticuler, devoir s'alimenter toutes les 3 heures au risque de nous menacer de pleurs qui se transformerait en cri strident. Heureusement pour l'instant, il se nourrirait directement à la source, le sein de maman. Ce qui me donnerait un peu de liberté pour jouer.

Mes parents voudront sûrement m'obliger à m'occuper de ce poupon joufflu en plus de ma sœur, alors ses instants où il serait encore l'enfant exclusif de sa mère laissaient apparaître un beau sourire sur mes lèvres.

Souvent, je m'interrogeais sur les réactions de mes parents, pourquoi avoir des enfants s'ils ne voulaient pas s'en occuper et faire de leur fille aînée, une maman secondaire.

Toutes ses responsabilités étaient trop importantes pour une petite fille comme moi, elles m'ont fait « grandir » trop vite, j'ai dû développer rapidement un sens de l'observation aiguisé pour surveiller leurs enfants en bas âge.
Mes parents étaient beaucoup trop jeunes pour cette petite tribu, je mis cette cause en avant très tôt, ils étaient pourtant très responsables, ils étaient juste encore un peu des enfants eux-mêmes...

Cependant, ils nous assuraient une belle qualité de vie, je n'ai jamais manqué ni d'amour ni de nourriture, je possédais également de beaux vêtements et de belles poupées.

Mon père continuait son travail de commerçant ambulant pour « mettre du beurre dans les épinards », disait-il en tapant le point sur la

table tout éclatant de rire.
Maman, dans ces moments-là, haussait les yeux en l'air avec cet air d'exaspération. Tu ne changera donc jamais Charles, se lamentait-elle.

Pourtant, c'était un homme maintenant ! Non plus ce gamin qu'elle avait rencontré avec la casquette sur le côté à la gavroche. Mais l'enfant exubérant, qui aimait se rendre intéressant, semblait toujours bien présent en lui. C'était tout simplement lui avec ses qualités et ses défauts, mais à l'instant juste ces derniers brillaient. Demain pourtant quand il arrivera à vélo avec un petit bouquet de fleurs à la main juste pour elle, à ce moment son cœur bâtera fort dans sa poitrine, comme le jour de leur rencontre l'année de ses 16 ans....

Je me souviens qu'à la maison régnais une atmosphère particulière, un mélange de gaieté et d'agacement que ma tendre mère semblait ressentir en permanence, qu'il lui prodiguait une sorte d'irritabilité, elle se considérait mal, se cantonnait dans une image né
gative de son ego, pourtant elle était si belle, avec son allure de reine. Sa différence de classe sociale en était peut-être la cause (ses parents étaient des agriculteurs en Haute-Loire, des gens modestes), pendant la guerre ils avaient abandonné leur maison aux abords de Lyon pour regagner la terre natale de son père, ils étaient plus en sûreté ! En travaillant la terre, ils auraient toujours de quoi manger. Grâce à mes grands-parents, certains

légumes et bouts de viandes avaient continué à être présents dans notre cuisine grâce à leur sens de la bravoure. Souvent mon père lui remémorait ses journées où il partait de la maison en vélo, récupérer le « ravito » que lui préparais l'Auguste (mon grand-père maternel), dans un lieu tenu secret.

∞∞∞

J'ai une petite anecdote au sujet de mon grand-père maternel :

Pendant la guerre de 1939/45

AUGUSTE : homme de haute taille, doté

d'un charisme qui inspirait la crainte, son regard bleu acier pouvait vous terrasser. Il en jouait beaucoup...

Il était surnommé le « mercanti » (commerçant malhonnête, profiteur) cette réputation qui lui collait à la peau était dû à ses déplacements avec sa charrette en provenance de la Haute-Loire. Il cachait régulièrement sous des kilos de pomme de terre des agneaux récemment tués.

Lorsqu'il arrivait à la ville, la police le soupçonnait de trafic illégal.
Un jour, « Le flic Flebert » qui voulait comme à chaque fois le contrôler, souhaitait à nouveau regarder sous les patates ce qu'il s'y cachait.
Il héla donc mon grand-père qui tournait à l'intersection de la rue.
En lui demandant de s'arrêter afin de l'interroger :
— On se connaît, non ? Ce n'est pas la première fois que je vous surprends dans les parages !
Sans se démonter, l'Auguste lui répondit :
— Il y a de quoi, ma fille vit au bout de la rue, je viens lui rendre visite.
— Avec une aussi grosse charrette, lui dit-il l'air soupçonneux.
— Eh oui ! Que voulez-vous que je vous dise, j'avais quelques pommes de terre en trop, il faut bien se nourrir quand même en temps de guerre, NON ! lui répondit-il en faisant mine de vouloir passer.
Le grand-père se pensa.... Je le connais que trop bien celui-là ! Il veut regarder sous la cargaison, s'il croit que je vais lui donner un agneau ? Il se fout le

doigt dans l'œil… Et comme il faut.
Malin, le grand-père le fit rentrer dans la cour de la brosserie… où sa fille l'attendait.
— Margot, tu peux venir m'aider ? cria-t-il pour l'avertir, accompagné de Flebert qui le colla au train.
Il la trouva là, assisse sur l'escalier à côté de l'atelier où elle attendait son arrivé.
— Oui, je suis ici père, lui dit-elle en se relevant et en avançant vers lui.
— Bonjour, dit-elle surprise, à l'homme qui se trouvait à côté de lui (en remontant ses cheveux en chignon qu'elle fixa avec une épingle).
Ce geste désinvolte et plein de grâce eut le pouvoir d'envoûter ce fameux gardien de la paix.
— Je te présente l'agent Flebert, Margot, dit-il à sa fille
— Enchanté, Monsieur, lui dit-elle avec son plus beau sourire
— Moi aussi, mademoiselle, lui a répondu l'officier, un peu désarçonner.
Margot ne releva pas la méprise (elle était tout de même mariée).
Mais cet homme au service de la loi ne resta pas insensible au charme de ma mère et il en oublia de vérifier la cargaison… À la grande satisfaction de mon grand-père.
L'air hébéter, il regarda ma mère et lui annonça sans raison apparente.
Si à l'avenir vous avez besoin de mes services, je suis à votre entière disposition, Mademoiselle.

Ce qui décrocha un sourire retenu sur le visage de l'Auguste.
Pourquoi, elle aurait besoin de lui dans le futur ?
Ce pauvre idiot se prenait dans ces propres mailles du filet, en étant subjugué ainsi par le charme de ma fille, se pensait-il.
Tel est pris qui voulait prendre, se moqua-t-il aussi en son for intérieur.
— Bon Margot, tu n'offrirais pas un petit canon a ton vieux père lui suggéra-t-il.
Tout en se retournant, vers cet imposteur de « Flebert ».
— Passer la bonne ! lui dit-il en lui tendant la main.
— Vous aussi ! Merci et à la prochaine... Déçu de ne pas être invité à boire un petit verre...
Il se tourna vers ma mère en lui faisant un hochement de tête en tenant son képi... et s'en alla reprendre la cour de ses fonctions.

∞∞∞

Ne plus voir ma petite mémé Sophie à la suite de notre déménagement dans sa maison devient une habitude que je n'appréciais guerre, elle

me manquait terriblement, bien que sa visite n'en restât pas exceptionnelle. Dès qu'elle avait un instant elle s'empressait de venir me voir, elle prenait le car près de chez elle qui la déposait quelque kilomètre plus loin, une longue marche après dans la vallée l'attendait jusqu'à notre maison. Mon oncle « Jeannot » âgé de 9 ans de plus que moi était contraint de l'accompagner pour « faire la route », c'était le frère de mon père donc le fils de mes grands-parents aussi. C'était un sujet sensible dans la famille, un peu tabou même. On comprend donc pourquoi je ne l'ai pas cité avant… Il faisait partie de la famille ni plus ni moins, il a donc une place dans mes mémoires.
Elle me demandait souvent de surveiller ce grand-oncle qui dans son comportement était loin de l'être, c'était un personnage farfelu avec des idées saugrenues, je saisis facilement qu'elle n'avait aucune confiance en lui et de ses éventuelles bêtises à venir.

Une autre petite anecdote a raconté :

Pendant la guerre : 39/45

Cet oncle un jour de bombardement m'a perdu dans le cimetière de ma ville où il avait pensé me cacher et me mettre à l'abri, on peut donc comprendre les réactions de ma « mémé ».

∞∞∞

Le 4 décembre de cette année, jour de mon anniversaire était un lundi, comme dans ma famille on ne fête jamais un anniversaire avant, superstition oblige ! « Ça porte malheur » il était reporté au dimanche afin qu'on puisse être tous ensemble. On était tous réunis à la brosserie, pour l'occasion mon oncle frisé avait organisé une jolie surprise, avec un beau gâteau où mes 8 bougies étaient plantées. C'était une très belle fête, une table était dressée, avec des sucreries, de jolis cadeaux emballés dans du beau papier attendaient que je les ouvre, mais celui dont je me souviens le plus était : ce gros billet de banque bleue.

— Joyeux anniversaire ma cocotte ! me dit mon oncle frisé

— merci tonton ! Je lui réponds avec les yeux brillants de bonheur.

— Il me regarda droit dans les yeux, tout en me saisissant le menton d'une main

— Écoute bien ma petite, tu vas à l'église tous les dimanches matin ? Me demanda-t-il, en sortant son porte-monnaie de sa poche.

— Oui tonton, avec mémé et tantan pourquoi lui demandais je ?

À ce moment-là, il ouvrit son « crapaud » comme il le définissait, en sortit son billet et me dit d'un ton solennel

— Tu vois ma cocotte, quand ton porte-monnaie est plein, le Bon Dieu est là ! Quand il est vide, il est parti...

Je ne comprenais pas trop ces paroles, mais ce billet me fascinait.

Ma tante le regarda avec le regard plein de reproches. Elle saisit sa serviette de table et lui en claqua un coup sur la tête.

— Cette petite va aussi au catéchisme ! Et bientôt sa première communion sera célébrée. Alors, ne lui mets pas tes sornettes dans la tête ! Le gronda ma tante.

— Il est hors de questions qu'elle la fasse ! Vous savez très bien ce que j'en pense des prêtes et des religieuses ! Dis ma mère contrariée.

Je sais que maman, petite fille avait fréquenté le couvent, de très mauvais souvenirs restaient en elle et toute cette comédie (ses propres mots) elle était contre.

Mémé changea rapidement de conversation, pour éviter le moindre malaise, en me priant de souffler mes bougies.

— Anne, me dit-elle, en craquant une allumette, à 3 tu souffles ! 1,2 et 3

Je pris une grosse inspiration, et j'éteignis en une seule fois mes huit bougies.

Les applaudissements fusèrent, ma mère coupa le gâteau en part égale et nous un servit un bout à

chacun. Mon père déboucha la bouteille de champagne en faisant « Péter le bouchon », puis la versa aux adultes dans de belles coupes en cristal.
— Et moi papa je peux aussi ? S'il te plaît
Mon oncle frisé alors s'approcha de moi, trempa son index dans son verre et baptisa le derrière mon oreille avec un peu de liquide, en me disant « ça porte bonheur ».
Décidément, mon oncle aujourd'hui parlait un drôle de langage…
Le soleil baissait dans le ciel, une belle journée touchait à sa fin en me laissant perplexe et songeuse… Les paroles de mon tonton laissaient place à réflexion.

∞∞∞

À la veille des vacances de Noël, l'école communale où j'étais scolarisée offrait un goûter composé d'oranges, de chocolat et d'une part de brioche, il nous était distribué à la cantine. Un livre nous était aussi offert par la mairie.

En début d'après-midi nos parents étaient

conviés à la représentation de notre spectacle où je me transformai en danseuse étoile.

J'aimais beaucoup cette période de l'année, où les adultes et les enfants se ressemblaient. Une ambiance féérique flottait dans l'air ainsi que de bonnes odeurs d'épices comme la cannelle et la cardamome. Elles venaient se rajouter à la fleur d'oranger que l'on retrouvait dans les pâtisseries. Le jour de Noël, elles étaient déposées sur les tables assorties de houx aux boules rouges ainsi que du gui sous lequel on devait s'embrasser pour la nouvelle année. Les gens cherchaient le meilleur cadeau à offrir celui qui réchaufferait les cœurs et offrirait des éclats de joie accompagnés de beaux sourires. Je comptais les jours qui nous séparaient de ce fameux matin en décortiquant un chocolat emballé dans le calendrier de l'avent, jusqu'au moment où enfin... Il fut là. Au lever du jour, il se mit a neigé des gros flocons comme du coton, ils tournoyaient sur eux même c'était si beau... cette période était la plus magique de l'année, les petits enfants avaient des étoiles dans les yeux comme ma petite sœur et mon diablotin de frère. Ils attendaient avec impatience le « père Noël ».

Je m'amusai ouvertement à leur demander s'ils avaient été suffisamment sages... moi il me semblait que non.... J'aimais le visage de ma sœur qui changeait d'expression, elle était confuse en m'assurant qu'elle était toujours sage comme une image, Henry lui était encore un bébé qui com-

mençait à courir à 4 pattes, je devais le surveiller comme le lait sur le feu, une vraie tornade...
Ils auraient sûrement eu peur du père Noël, s'ils étaient venus à le croiser. Ce fameux bonhomme rouge qui ressemblait, je trouve étrangement à ma mère. J'avais déjà eu l'honneur de le croiser en pleine nuit, dans le couloir sur la pointe des pieds sans costume rouge simplement vêtu d'une petite chemisette en satin et en dentelle, les bras chargés de paquets, on imagine donc sans problème pourquoi je ne crois plus à ce personnage légendaire.

Mon père était lui chargé de la découpe d'un très beau sapin dans la forêt, on était très exigeants en la matière, il devait avoir de très belles branches aux aiguilles vertes et luxuriantes, douces et denses à la fois, pour qu'on puisse le décorer comme il se doit, le soir tous ensemble. Il prendra place dans notre salle à manger à côté de la cheminée par ou passera cet étrange personnage pour livrer les cadeaux, en espérant qu'il évitera de se coincer à ce moment-là, sinon on serait obligé de le tirer par les pieds.

Notre grenier, était l'endroit idéal pour y stocker des merveilles et enfermer des secrets. Il regorgeait de trésor que l'on avait oublié d'une année sur l'autre. On retrouva enfoui dans une grosse malle d'énormes boules de toutes les couleurs, des porte-bougies, de belles guirlandes et bien sûr la belle étoile que l'on met tout en haut au sommet de l'arbre une fois qu'il aura revêtu sa plus belle parure.

Le soir arrivé, tout était parfait jusqu'à la belle dinde farcie aux marrons qui trônait sur la table. Je n'osais pas poser la question au sujet de sa provenance à mes parents, j'avais une légère idée et je préférais ne pas y penser, sûrement de notre poulailler…

Le repas se déroula agréablement accompagné du dessert : une belle bûche enrobée de chocolat ou de drôle de petits nains, avec un sapin et une hache étaient posés. On dégusta chacun sa part, et on se souhaita bonne nuit en espérant dormir très vite.

(Pour le réveillon, nous nous couchions toujours de bonne heure).

Le matin, c'était avec joie non dissimuler que nous venions fouiller dans nos pantoufles (déposées la veille en dessous du sapin) : nous y trouvions des oranges, des papillotes et un paquet pour chacun de nous.

Cette année-là, mon petit frère a eu : un cheval à bascule.

Ma sœur : une jolie dînette en faïence, pour « faire comme maman »

Et moi, un joli baigneur en celluloïd tout nu. Mais quelle idée ! J'ai pensé qu'il allait avoir froid ainsi, je me suis donc assise devant la cheminée en l'approchant un peu trop près du foyer pour le réchauffer. J'attends encore ma mère hurlée :

— Anne, arrête ! il va s'enflammer ! s'écria-t-elle et pour rajouter elle me recommanda : Son beau costume en laine est dans la valisette, habile le !

Pourquoi recevoir un bébé sans ses vêtements ? Les adultes resteront toujours une énigme pour moi décidément ! J'en conclus en le pensant.
Nous étions vraiment tous heureux et nos yeux pétillaient en ce jour de Noël.
Nous marquions ce beau jour, à la brosserie où toute la famille se réunissait, d'autres cadeaux déposés au pied du sapin nous y attendaient.
Nous faisions un bon repas, puis mémé, maman et ma tante chantonnaient des cantiques de noël en rangeant la vaisselle, les hommes jouaient aux cartes et fumaient le cigare pendant ce temps, Alice et moi, on jouait dehors, la neige était présente à notre plus grande joie, Henry qui nous regardait assis dans sa grande poussette chaudement emmitouflée riait aux éclats quand les boules de neige fusaient au cours de notre bataille.
Cela étant, on aimait faire un gros bonhomme de neige, accompagné de notre père qui venait nous aider (suivie de mon oncle frisé et du Jeannot, qui risquait de faire des bêtises comme à son habitude) à le construire.
En premier on devait : rouler une grosse boule de cette très belle poudreuse blanche pour le corps, une plus petite pour la tète où une carotte orange faisait office de nez, deux boulets de charbon pour les yeux, deux petites branches lui servaient de bras, de gros bouton pour faire un semblant de veston et pour le final il était coiffé d'un beau « Capello », notre joli bonhomme de neige ainsi prenait vie…

∞∞∞

Chapitre 4

1951 : Anne

En janvier, l'école avait repris, dans la cour de récréation, on échangeait le contenu de nos vacances. Pour certains d'entre nous, le père Noël avait respecté scrupuleusement leurs commandes, les autres sûrement moins sages avaient reçu un seul cadeau de leur lettre. À mon avis, comme je ne croyais plus à ce personnage c'était plutôt une histoire de porte-monnaie bien rempli… Comme disait mon oncle « frisé ».

Le mois de février fut composé de mes débuts de trésorières qui furent très brefs… mes parents avaient décidé que je serais la responsable de l'argent de la cantine, je recevrais 5 francs pour la payer… J'étais drôlement fière, quelle respons-

abilité… Du haut de mes presque 9 ans.
D'après mes calculs, je m'imaginais donc : donner juste 2 francs pour nos deux tickets, ça devrait suffire, on n'avait pas trop faim à midi…
Avec les 3 sous restant, je pourrais conduire ma petite sœur choisir tous les bonbons qu'elle souhaite dans cette jolie boulangerie…. Où fraise tagada, roudoudou (aie les dents), nous attendrons sagement dans les bonbonnières en verre posées sur les étagères….
Mais quel bonheur elle a eu ! Je la revois encore avec son gros paquet de sucreries, les yeux pleins de gourmandise, se demandant lequel sera dévoré en premier…
Moi cependant, la colère de mes parents quand l'école les avertis que la cantine du mois n'était toujours pas réglée, celle-ci j'ai dû l'affronter de face.
Alice, resta bien sage dans son coin, sûrement avec encore un bout de roudoudou coincé dans une dent…. Quand j'ai dû m'expliquer devant eux.
— J'ai voulu donner 2 francs à la dame de l'école, mais ils n'ont pas suffi… suis désolée, papa et maman.
— Normal… il en manquait 3, dépensés en bonbons hurla mon père. C'est 5 francs la cantine, un point c'est tout.
— Bon la discussion est clause, mademoiselle ! Me dit-il mécontent, à partir de demain tu préparas un cas croûte pour vous deux jusqu'au prochain règlement, que je me chargerais de faire moi-

même dorénavant... Maman n'a pas eu le temps de prononcer un mot.

Ce mois s'enchaîna aussi avec le carnaval, le 6 février 1951 était le Mardi gras, ce jour où ma sœur et moi, on se transformerait en fée et en princesse.
Avec l'aide de maman qui nous confectionnait de beaux costumes, on endossait un personnage de notre choix le temps d'une journée, pour moi je serais une fée et Alice une princesse.

C'était aussi le moment pour démontrer nos talents de cuisinière avec les beignets et les crêpes...

Je me souviens :

Debout sur la chaise de la cuisine, ma mère m'entoure la taille d'un bout de tulle pour mon déguisement.
— Tiens-toi tranquille Anne, arrête de bouger ainsi ! me dit ma mère.
— Mais tu me fais peur, avec tes aiguilles, tu vas me piquer ! lui répondis-je.
— Comment veux-tu que je fasse un costume si bouges comme un verre de terre ?
— D'accord maman, promis ! Si je veux être une fée, je dois être sage.
— Oui pour l'instant, tu es plutôt un asticot bon pour la pêche ! me dit-elle en riant.
Je réussissais juste à combattre ma peur de ses

aiguilles qui se rapprochaient un peu trop près de mon ventre, quand ma maman me recommanda :
— C'est bon j'ai piqué la dernière, enlève la robe doucement que je la couse.
— et maintenant demande à Alice de prendre ta place, c'est son tour. Aide-la à grimper sur la chaise, tu seras gentille tout plein.
— Maman croit tu que je dois la tenir, ou je peux commencer à faire la pâte à crêpe ? m'inquiétais-je auprès d'elle.
Elle se retourna vers ma sœur, qui gesticulait sur sa chaise
— Alors tu en penses quoi ? demande-t-elle à Alice. Tu veux bien rester sage ?
J'attendais sa réponse en sortant un saladier du buffet, quand...
Alice me dévisagea en me questionnant :
— tu me donneras la première crêpe avec de la confiture de prune ?
— Promis, je lui répondis, en admirant sa future robe de princesse.
— Maman tu es trop intelligente, on va être les plus belles au carnaval, je lui dis en cassant les œufs sur la farine ou j'avais préalablement fait un petit volcan.
— Ma chérie, ce n'est pas de l'intelligence, mais de l'habileté, tu sais, les bancs de l'école je ne les ai pas beaucoup usés, je ne suis pas très instruite.
— Tu as appris toute seule alors ?
— Non ! Ce sont ses satanées bonnes sœurs qui m'ont appris au couvent.

— Ah, ben tant mieux alors. En trouvant les mots de maman, un peu bizarre (satanée, bonne sœur, je crois bien que c'est un blasphème) ce mot imprononçable, que mémé dis souvent quand ma maman parlait… mal.
— Par contre, tu viens avec papa au fugua ce soir ?
— Oui bien sûr, je ne voudrais pas louper ce moment agréable, mais pourquoi tu ris en me posant cette question ?
— Parce que tu as de gros bigoudis sur la tête…
— Ah bon zut, c'est bien vrai me dit-elle en se touchant les cheveux
— Je finis de prendre les retouches de la robe de ta sœur, et je les enlève.
— Où en es-tu avec les crêpes ? Me questionna-t-elle ?
— J'ai presque fini ! Tu en veux une avec de la confiture ?
— Oui parfait, merci me dit-elle en aidant Alice à descendre de son perchoir.
Elle dégusta la crêpe que je lui tendis sur le coin de la table, en nous disant (après l'avoir terminé, maman ne parle jamais la bouche pleine)
— Soyez sage, je me vais dans ma chambre finir de me préparer et je reviens.
Je la regardais partir avec sa blouse à fleurs serrée à la taille par une ceinture, et ses jolis cheveux emprisonnés autour de gros rouleaux, qui me donna une irrésistible envie de rire.
Quelques heures après, nos robes étaient prêtes, les crêpes toutes mangées, on attendait que papa

arrive impatiemment.
Quand on l'attendit, pousser la porte d'entrée, on s'empressa de lui sauter au cou en criant
— Papa, papa ! On y va ! on y va ! Lui dit-on en cœur ma sœur et moi.
— Mais où ça ? fit-il semblant de ne pas comprendre
— Au fugua, pardi…
— accompagné d'une fée et d'une princesse, mais bien sûr ! Je suis enchanté répondit-il en nous faisant la courbette des rois.
En relevant la tête, il vit ma mère qui se tenait derrière nous,
— Margot, tu es magnifique, quelle élégance ! lui lança-t-il
— Tu es gentil, elle te plaît ma robe ? Je l'ai confectionné en même que celle des petites.
— Tu es douée ma chérie, tu es une mère modèle et une femme parfaite. Je ne te savais pas si douée en couture, je te félicite.
— C'est grâce aux bonnes sœurs, à ces satanées bonnes sœurs !
Je m'exclamai toute fière de moi !
— Oh mon dieu Margot ces jolis mots doivent venir de ta bouche ! non ? dit-il en se contentant de rire
Ma mère ne releva pas la remarque, elle s'empara de son manteau, ainsi que les nôtres pour sortir.
— Habillez-vous les filles, on y va !
Une fois dehors, notre père nous assit sur chacun de ses avant-bras, on démarra la marche accrochée

solidement à son cou, suivie de notre mère.
Au loin le fugua brûlait déjà de toute sa hauteur...

∞∞∞

Chapitre 5

1952 : Anne

Cette année était celle, normalement de ma communion. Où, grâce à elle je pourrais tirer la langue à Monsieur le Curé pour réclamer mon hostie a la messe.
Tous les dimanches matin (nous partions le ventre vide de la maison) on devait être à jeun pour le Bon Dieu, disait maman avec dépit...
Avec papa on rejoignait mémé et tatan à la Ricamarie, les cloches tintaient fort pour la prière, afin de nous rappeler que l'heure du sermon avait sonné ! disait mon père. Après l'église, il me donna des pièces pour aller à la boulangerie acheter à Alice et moi, ce délicieux bonhomme en brioche, sur lequel on s'amusa dans ce rituel macabre a lui arraché un membre après l'autre jusqu'à la tête.
Ma communion n'a pas eu lieu, maman n'aime pas les curés et elle a gagné... tant pis pour l'hostie, il me restait le bonhomme à dévorer...

Les copains de la vallée :

Les dimanches matin, quand mémé était trop fatiguée pour se rendre à la messe, j'avais le droit d'aller à pied jusqu'à l'église du Chambon. Mes parents m'autorisaient à récupérer Joe, mon copain, mon complice de toujours, sur la route.
Le père de mon copain avait la fâcheuse habitude de consommer de l'alcool quotidiennement et beaucoup trop ! Ce qui m'aidait auprès de mes parents à être plus tolérant au sujet de mes sorties avec mon Joe.
— Un peu de distraction à ce gosse ne lui fera pas de mal ! disait mon père. Quelle vie il n'a pas ! Une mère toujours entre les hôpitaux, et un père qui a pour seule amie sa bouteille.
— Oui, mais l'église n'est pas un divertissement pour un enfant ! disait ma mère, y pourrais aller à la pèche avec toi ! Tiens, pourquoi ne leur fabriques-tu pas une canne aux gamins ? lui proposa-t-elle
— Et pourquoi pas ! jeudi, ils n'ont pas classe, on ira à la rivière.
Du temps que mes parents discutaient ; j'essayai d'enfiler mon bonnet avec ce pompon ridicule ; les

deux tresses que ma mère me fixait en cerceau de chaque côté de ma tête le laissaient toujours s'échapper.
Mon écharpe rouge, que je jetais autour de mon cou avec désinvolture voudra à son tour protéger mon cou du froid, mais elle aussi je lui souhaitais bonne chance pour rester en place…
— Je pars chercher Joe, d'accord papa et maman ?
— Oui oui, file ! me dirent-ils en cœur.
— Entendu ! Je m'empresse de partir sinon je risque d'être en retard ! leur fis-je remarquer.
Je me mis à courir à vive allure couverte de mon manteau bleu marine et chaussé de mes bottillons avec mes lacets qui se défont toujours !
Une fois arrivé à l'église, Joe, la petite Éliane et moi prenions place sur un banc ou je faisais une prière pour mon copain pour qu'il puisse enfin être heureux et en paix.
Quelque temps après la maman de Joe est morte, le laissant avec un papa régulièrement assommé par ce fameux alcool, et deux grandes sœurs qui sont devenues une seconde mère pour lui.
Le Bon Dieu avait du mal me comprendre ! Je pense… Dorénavant, je ferais bien attention en priant.
La vie commençait à me mettre au défi d'essayer de la comprendre.

∞∞∞

Un lointain épisode de ma vie :

Mon arrière-grand-mère : Léonie.

Je me souviens, mais de très loin... de mon arrière-grand-mère du joli de nom de Léonie (c'était la maman de ma mémé Sophie).
Elle est eue resté avec nous a « valcherie », je la revois assise au milieu de la cour sur son fauteuil aux formes arrondies, réalisées d'un très beau tressage d'osier et de rotin. Sur sa tête, une coiffe en dentelle était posée... à la main, elle tenait une grande canne, qu'elle me tendait en me disant d'aller courir mon oncle « Jeannot ».

∞∞∞

Au cours du mois de mars, mon frère fêta ses

2 ans. Il préférait se traîner sur les fesses, plutôt que de marcher. Il était plutôt fainéant et restait un gros bébé très lourd à porter. Le cheval à bascule qu'il avait eu pour son premier Noël lui procurait beaucoup de bonheur. Il riait aux éclats quand je le poussai pour donner un peu de vitesse à ce canasson de couleur marron.
La famille se réunit pour célébrer cet événement comme à l'ordinaire, on était une famille attachée à la tradition, henry une fois ses deux bougies soufflées applaudies de ses deux petites mains potelées, avec toute la fierté d'un petit enfant.

Quand le printemps arrivait, mes parents organisaient des bals sauvages pour aller guincher, de vraies saltimbanques... Maman avait une voix en or comme la complimentait mon père. Elle pouvait monter de plusieurs octaves. J'aimais ces instants où mes parents emplissaient la maison de leurs duos, papa à l'accordéon accompagné de ma mère qui chantait « mon légionnaire », ils étaient jeunes, ils étaient beaux...
Ma mère resplendissait dans sa belle robe Rockabilly en vichy noir et blanc. Son cardigan posé avec négligence sur ses épaules et de belles chaussures noires avec une jolie bride lui entourait ses fines chevilles. Ses lèvres étaient recouvertes d'un beau rouge de la marque « rouge baiser ». Mon père lui était paré avec son bel accordéon qui brillait de mille feux.
C'était la voisine Julie, qui venait nous surveiller (une grosse dame qui vivait chez ses chats) et son

mari ! Comme disait mon père...
— Elle rend bien service ! relevait ma mère. Arrête de casser du sucre sur le dos de cette pauvre femme, elle a le droit d'aimer plus les animaux que son bon gros époux...
Le soir, au départ de mes parents, elle venait coucher ma sœur, mais Henry lui était déjà au lit. La surveillance de cette petite marmaille restait plutôt sous ma responsabilité, ma sœur en profitait pour se relever « illico presto » dès que Julie avait tourné le dos...
Elle me faisait des caprices de toute beauté, tapaient des pieds, même ses dents on eut laissé des empreintes sur mes avant-bras quand j'essayais de la relever pour la remettre au lit.

Mes parents nous pensaient en sécurité grâce à la surveillance de notre voisine. Mais sa présence à la maison ne devait pas dépasser une demi-heure.
Heureusement que j'étais suffisamment responsable. Grâce, à leur fille aînée, ils pouvaient vivre leurs jeunesses encore bien présentes dans leurs esprits...
Ils me manquaient beaucoup tout de même. J'aimais leur présence à la maison, alors pour remplir ce vide, je tournais le bouton de ce gros poste marron posé sur la desserte de la cuisine. Et, à cet instant, la musique qui se propageait remplissait mon cœur de bonheur...

À cette saison, les hirondelles revenaient d'un long voyage. Les arbres commençaient à

bourgeonner. Bientôt, les cerisiers seront en fleurs et les aubépines nous feront cadeau de leur agréable senteur…
Nos beaux arbustes à lilas éclateront de leurs belles couleurs mauves, blanches ou pourpres.
Cet hiver, ma petite mémé se trouva affaiblie, j'avais hâte de la retrouver ! À cette saison, il était difficile de se déplacer à cause de la neige qui tombait régulièrement et le verglas transformait nos chaussées en patinoire.
Elle commençait à être âgée et mon père ne voulait plus qu'elle prenne le risque de tombée et glissé pour prendre le car.
Voilà pourquoi j'aimais cette belle saison qui pointait.
Les beaux jours rapprochaient les gens éloignés à cause du froid.
Mémé sera vite là, je lui ferais claquer deux gros baisers sur ses joues qu'elle essuiera de revers de sa manche pour m'embêter. Je pourrais enfin me cajoler dans ses bras, avec ce sentiment de protection que j'aime tant.

Comme mon père avait prévu, un jeudi, le jour de fermeture de l'école, il voulut me confectionner une canne à pêche pour me divertir.
— Anne, tu veux aller au ruisseau avec moi, chercher quelques truites ? On pourrait se fabrique une canne toi et moi.
— Mais papa, je ne sais pas faire moi, tu m'expliques ?

Mon père fut emballé par mon soudain intérêt pour la pêche à la ligne. Habituellement je préfère, rentrer pieds nus dans l'eau en espérant dénicher un poisson en soulevant un caillou.
— Tu sais papa, Joe aime bien attraper des poissons et des écrevisses à la rivière, mais après il les relâche.
— Comment y va ton copain ?
— Pas très bien, mais ses grandes sœurs sont très gentilles avec lui, heureusement qu'elles sont la...
— Heureusement ! Comme tu dis, rajouta-t-il
— Bon il nous faut une branche de noisetier. Ce bois solide, fin et souple sera parfait pour accrocher le fil nylon pourvu d'un hameçon, puis direction le jardin pour déterrer quelques vers de terre qui serviront d'appât.
— Beurk... je lui dis avec la grimace du dégoût, c'est toi qui le fais, pas moi !
— Pas de soucis me dit il souriant
On a réuni le tout et nous sommes parties à quelques mètres de la maison où se trouve un petit cric très accueillant. Idéal pour y faire une petite sieste.
— Regarde papa, l'époux de notre voisine assis là-bas en le désignant du doigt, il était tranquillement installé sur un coin d'herbe profitant du soleil printanier.
— En passant devant lui, mon père le salua. Le gros monsieur lui répondit par « un bien le bonjour » en enleva la pipe de sa bouche qu'il fumait.
On était fière comme de gais lurons, tous les deux

avec nos cannes a pèches habilement construits par papa et moi. La mienne je la tenais à deux mains, les bras tendus, on devait se déplacer sans accrocher les arbres au passage.
Une fois sur place, mon père posa sa musette dans l'herbe, sorti de sa poche, une petite boîte où étaient emprisonnés les lombrics fraîchement déterrés.
— Tu veux les accrochés au bout de l'hameçon, Anne me demanda-t-il ?
— Oh non ! papa, c'est dégoûtant, je ne veux pas, fait le toi…
Cinq minutes après, nos bouchons en liège flottaient à la surface de l'eau.
Je scrutais attentivement le moindre mouvement de mon flotteur, quand d'un seul cou il plongea
— Papa ! Regarde, je lui dis en désignant ma canne à pêche qui faisait un arc.
— C'est une truite qui mord, ferre-la et ramène-la vite au bord, avant qu'elle se décroche. Une fois le poisson sur la rive, mon père l'attrapa et lui l'enleva l'hameçon coincé au fond de sa gorge.
Mais à ce moment-là sa canne se plia à son tour
On a eu juste le temps d'enlever la première que la deuxième arrivait… Ce qui nous enchanta.
En fin d'après-midi, nos 2 truites furent ramenées en trophée à maman, qui nous les a cuisinées pour le dîner.

Mon copain JO : CE2

Nous étions à la fin de l'été 1952, bientôt 10 ans. Juste quelques semaines maintenant me séparaient de la rentrée des classes. Il faisait chaud et je passais beaucoup de temps avec mon copain Jo, mon voisin de quelques pâtés de maisons. Tous les après-midis j'allais le chercher pour faire paître nos bestiaux (je prenais mes 3 chèvres chamoisées qui donnaient du bon lait que mes parents transformaient en délicieux fromages et lui sa jolie génisse de race normande). On était heureux ensemble malgré qu'il soit régulièrement très triste, dû au décès de sa maman. À cause de cette maladie très grave, la tuberculose. Il pleurait souvent au cours de nos sorties journalières, il me tenait la main (je n'aimais pas trop ce rapprochement sûrement dû à ma timidité, le contact me rendait mal à l'aise), mais je le laissais faire, le principal c'est qu'il puisse oublier un instant la triste réalité.

Je souhaitais et aimais lui voler un éclat de rire. J'adorais me transformer en véritable acrobate pour grimper tout en haut des arbres et faire le clown. Juste pour l'entendre rire une fois par jour. Si au moins il était plus agile mon pauvre Jo

(il était tout de même un peu gauche) je pourrais lui transmettre mon amour pour les arbres. J'ai toujours aimé la nature, l'espace et le grand air.
Après l'enterrement de sa maman, il était très difficile de lui décrocher un sourire, son visage transpirait le malheur, alors au cours d'une de nos sorties imposer par nos bêtes respectives, une idée me vint à l'esprit, grimper plus haut que d'habitude dans mes arbres avec agilité afin qu'il n'oublie rien qu'un instant son immense peine.
En bas mes chèvres et la génisse me regardaient en ruminant,
— Descends de là, tu vas tomber, tu me fais peur, me cria, Jo !
— Mais non ! Regarde c'est marrant, je suis en vrai petit singe… ça t'amuse ?
— Non pas du tout ! Je suis sérieux, arrête !
— d'accord, j'arrive lui dis-je en soufflant.
Mais à ce moment-là, quand j'essaie de redescendre, je sens la branche du cerisier céder sous mon léger poids, j'entendis un « crac », heureusement je n'étais pas monté très haut !
Ma chute fût amortie par l'herbe où je suis tombée assise sur mes fesses.
L'air un peu secoué, je lui adresse un sourire penaud en me relevant.
— Pourquoi tu es tout blanc ? lui dis-je, en remettant ma robe en ordre.
— Tu n'es pas maligne ripostât-il !
Un mélange de contrariété et de peur brillait dans son regard.

— Est-ce que tu t'es fait mal ? me demanda-t-il avec l'air inquiet.
— Non, je me suis juste écorché un peu le genou, regarde-lui dis-je.
En lui montrant ma jambe, tout en prenant soin de faire la grimace de douleur.
— Mais tu saignes ! me dit-il épouvanter.
— Ce n'est pas grave ne t'inquiète pas, je peux toujours courir, lui fis-je remarquer en détalant.
En essayant de me rattraper, il me crie d'un air menaçant.
— Si je t'attrape, je te tords le cou !
Je cours si vite, que « mes jambes m'en rattrapent »
Mais quand je pense être plus vive et rapide que lui, il me fait un plaquage au sol de toute beauté digne d'un rugbyman.
On a tellement ri fort que mon troupeau de chèvres et la génisse s'emballèrent.
Pris par l'inquiétude de perdre nos compagnons à quatre pattes,
Jo me jeta un regard noir de colère.
(Pourtant il avait de très beaux yeux verts surmontés d'une paire de lunettes ronde posée sur le bout de son nez, car il était myope comme une taupe...)
Ni une ni deux, ne nous voilà pas partis à la poursuite de nos animaux à travers les prés et les bois.
En HURLANT « paulette » de toutes nos forces.
(Sacré nom pour une vache...)
Ou BIBIBIBI... Pour qu'ils nous attendent.

Plusieurs émotions ont été présentes au cours de notre escapade : tout d'abord l'angoisse et la peur, puis la joie quand on a retrouvé nos bêtes saines et sauves, mais aussi la difficulté de marcher dix kilomètres, notre arrivée à la tombée de la nuit, la colère de nos parents, et la punition qui tomba comme le glas sur la fin de notre liberté.

— Chacun chez soi pendant une semaine entière ! ordonna mon père.

— Mais riposté-je, on n'a rien fait de mal. Ce sont les bêtes qui se sont enfouit, nous on a été obligé de les récupérer plaidait - je pour ma défense.

— Et pour quelle raison sont-elles parties ? Ça m'intéresse ? Contre-attaqua mon père.

— Elles ont entendu un bruit et elles ont eu peur.

— C'était quoi alors ce bruit ?

— Je ne sais pas, un bruit, lui affirmé-je avec aplomb.

Joe voyant que je tenais tête à mon père prit la parole.

— C'est ma faute Monsieur, Anne a voulu grimper à l'arbre pour me faire rire et elle est tombée...

— Voilà pourquoi ta jambe est égratignée me dis ma mère, viens que je te soigne.

Et à ce moment précis, je lui tendis le petit bouquet que j'avais cueilli sur le chemin du retour juste pour elle.

— Mon père me regarda l'air déconcerté, une vraie « caboche » me dit-il en laissant s'échapper sa

pensée
Jo demanda la permission à mon père de rentrer chez lui, son père et ses sœurs aussi devaient s'inquiéter.
Sans attendre, je demande l'air de rien.
— Papa : je peux raccompagner Jo, s'il te plaît ?
— Tu plaisantes j'espère ! me dit-il avec des yeux furibonds.
— File dans ta chambre tu es punie jusqu'à nouvel ordre.
— Mais pourquoi papa Joe est gentil. Je voulais juste le rire.
— La discussion est finie, mademoiselle, profites-en donc, ré ouvre tes livres, la fin des vacances arrive, bientôt l'école.
En douce, je m'approchai de Jo, lui volais un bisou sur la joue qui transforma mon copain en une jolie pivoine toute rouge.

L'école : quel mot ! Il signifiait un monde étranger, avec de nouveaux camarades, une future appréhension émergeait en moi.
Mais pour l'heure, les vacances étaient encore là, avec son lot de bêtises à faire...
Quelle idée vais-je trouver pour me libérer ?
Contrariée, je suis partie bouder dans ma chambre ou mon père m'avait congédié. Des larmes se sont mises à rouler sur mes joues. J'ai ensuite enfilé ma chemise de nuit en coton rehaussé de jolis nœuds en satin. Je me suis agenouillée aux pieds de mon lit, les mains jointes en prière pour demander par-

don à dieu en espérant qu'il n'est pas trop de travail pour m'entendre...
— S'il vous plaît faite que mon papa ne soit pas trop longtemps en colère contre moi, pour que je puisse aller jouer à nouveau avec mon copain Jo, il est triste, vous savez ? Mais bien sûr que vous le savez ! Vous êtes le Bon Dieu...

Je grimpais juste dans mon lit, quand ma maman rentra dans ma chambre avec un verre de lait et quelques biscuits posés sur une jolie petite assiette. Mon ventre faisait du bruit, j'avais faim.
— Oh, maman je suis si triste ! lui dis-je en me blottissant dans ses bras.
— Mais quelle idée avez-vous eue ? On a eu très peur avec papa !
— Je ne sais pas maman. Je voulais juste faire rire Jo. Je ne pensais pas que la branche allait se briser...
— Ma petite fille me dit-elle en me caressant les cheveux, tu aurais pu te faire mal.
— Désolé je le ferais plus ! promis...
— On en parle plus, mais la prochaine fois fait attention...
Respecte bien la punition de papa, et ça ira...
— Tu sais maman, j'ai fait ma prière et j'ai demandé pardon au Bon Dieu.
En ouvrant ma porte, maman me lança un regard plein d'amour et de compassion.
À demain, bonne nuit.
— Dort bien maman...

Le lendemain matin en ouvrant mes volets, la journée s'annonçait moins agréable que la veille. Déjà le soleil n'était pas au rendez-vous, il pleuvait. J'aurais tout le temps d'ouvrir mes cahiers aujourd'hui, le temps s'y prêtait.
Ce que je fis…
Je dois être sage comme une image, papa sera fier de moi…
Le matin passa vite, j'ai relu mon livre de géographie, ma matière préférée, due à mon oncle « frisé », ce grand homme (pas en taille il était plutôt petit), mais son intelligence, elle, était immense.
Plus tard j'aimerais bien apprendre une nouvelle langue aussi, comme lui, il en parlait 5, je crois bien.
À midi on se retrouva tous ensemble autour de la table de la cuisine.
Assise sur sa chaise, ma sœur avait posé négligemment sa tête sur mon épaule.
–– Oh Alice, pousse-toi un peu ! lui dis-je en la poussant.
— Pardon ! Excuse-moi.
— Tiens-toi correctement à table Alice ! répliqua maman.
Après cette intervention menaçante.
Le reste du repas se déroula sans encombre et dans le silence.
Une fois celui-ci terminé, je dis à maman
— je vais débarrasser la table et aussi faire la vais-

selle.
— c'est gentil tout plein ma fille, comme ça j'aurais plus de temps pour moi.
Et par la même occasion, j'aimerais bien aussi que tu t'occupes de faire jouer ta petite sœur.
Je lui adresse un signe de la tête en guise d'accord, tout en évacuant les assiettes, verres, fourchettes et couteaux dans l'évier.
— Je lui lirais une histoire après mes corvées, avec un peu de chance, elle s'endormira.
Je n'étais pas d'humeur contrariante, ma punition aidait à me rendre très agréable !
Parée de mes gants en caoutchouc, entrain de m'affairer à la tâche. Je vis arriver par la fenêtre (l'évier était juste en dessous) ma mémé, avec son beau parapluie bleu pour l'abriter.
— Anne me cria-t-elle ! D'en bas de la maison, suivie de son ascension de nos escaliers.
Toute contente de la voir arriver, je m'empresse d'aller lui ouvrir la porte.
— Oh ! Que je suis heureuse mémé lui dis-je en lui faisant claquer de grosses bises sur ses joues.
Je viens te chercher pour aller au cinéma regarder un film. Comme il ne fait pas beau, on sera bien à l'intérieur, me proposa-t-elle ?
— Ah oui mémé, j'aimerais beaucoup, mais tu sais, je n'ai pas été très sage hier, et je suis puni de sortie
— Ah bon, mais quelle est cette grosse bêtise qui mérite une telle punition ?
— Hier, je suis montée dans le cerisier, et la branche a cassé.

— Pour si peu, où est ton père ? Que je lui parle.
Il est parti au jardin, et maman couche, Henry pour la sieste.
— Très bien, je vais voir ton papa, pour essayer de faire lever cette punition.
Par la fenêtre, je regarde mémé rouvrir son parapluie pour aller retrouver mon père au jardin en croisant les doigts derrière mon dos (ça porte bonheur)
Comme l'idée de voir mon père se faire sermonner par sa maman me séduit, j'entreprends de les suivre au jardin en catimini afin d'entendre leur discussion.
— Charles ! Charles ! appela ma grand-mère en arrivant au jardin.
— Oui répondit-il, je suis là, continue tout droit, je me tiens à l'abri dans la cabane.
Elle secoua son pépin avant de le fermer pour rentrer.
— Bonjour, chère mère, lui dit-il en la charriant ! tu es venue malgré la pluie ?
— Oui, je suis venue chercher Anne pour aller au cinéma, et puis arrête de m'appeler « mère » mon cher fils ! rétorqua-t-elle amusée.
— Ah ! ce n'est pas possible, Anne est punie.
— pourquoi est-elle punie, demanda-t-elle l'air de rien.
— Hier, elle nous a fait très peur, en fin d'après-midi elle n'était toujours pas rentrée avec Joe, ils ont perdu les bêtes, ont dû marcher jusqu'à Saint Genest Malifault, pour les récupérer.

— ah oui en effet, je n'ai pas eu la même version par Anne.
— ah bon ! Et elle t'a dit quoi ?
— Qu'elle était juste tombée d'un cerisier ! Elle a vraiment l'art de dédramatisé cette petite.
— Effectivement, tu comprends mieux pourquoi, j'ai dû la punir ?
— Oui en effet, vous avez dû avoir très peur, avec Margot.
— Mais dis-moi Charles, pour quelle raison a-t-elle fait ça, à ton avis ?
— Pour être gentille avec son copain et lui changer les idées, il est très triste apparemment depuis la disparition de sa maman, pauvre petit !
— Sa maman ! Ah oui, j'ai su pour cette triste tragédie, elle est partie rejoindre les anges. Au moins elle souffre plus, mais quelle affreuse maladie cette tuberculose. C'est bien triste que des familles soient frappées par le destin de la sorte.
— Oui, enfin tout le monde a son lot de misère, et Anne ne pourras pas se transformer en clown pour distraite tous les gens malheureux qu'elle va rencontrer....
— Je suis bien de ton avis cette petite est tellement gentille, elle a un don pour consoler les autres et leur alléger l'esprit.
— Oui je le reconnais maman, mais pour l'instant, il faut qu'elle arrête, plus tard elle fera le métier d'infirmière si elle veut. Pour l'instant elle doit surveiller les chèvres quand elle va aux prés, je ne peux pas me permettre de les perdre, grâce à elles

on peut se nourrir avec le lait et faire des fromages que l'on vend aux marchés.
— Mais je pensais que tu avais déjà beaucoup de travail avec les tournées de la fabrique, tu dois en plus vendre tes produits ! Ce n'est pas trop difficile à gérer ?
— Si, mais bon ce n'ait pas suffisant pour bien me remplir les poches. Voilà pourquoi j'essaie d'élargir mes ventes, les temps sont durs, j'ai trois bouches à nourrir, enfin tu le sais bien maman, je n'ai pas besoin de plus m'épancher.
— Et oui mon garçon être un chef de famille ça se mérite… je fais de mon mieux pour vous aider ! J'espère que pour toi et Margot, le loyer de la maison n'est pas trop élevé, mais moi aussi, j'ai mes charges à payer. Cette espèce de vieux radin de propriétaire des lieux ne veut pas me faire cadeau du moindre sou, j'ai bien tenté de lui en soutirer quelqu'un en faisant descendre un peu le prix du loyer de l'immeuble de la brosserie et du local commercial, mais il ne veut rien entendre. Heureusement que la tante et le frisé nous aident bien, je peux compter sur eux, ils travaillent dur tu sais pour produire aux maximums des brosses et des balaies.
— Oui, oui ! Je sais bien, on « se serre les coudes » dans notre famille depuis toujours et ne t'inquiète pas pour le loyer, en gérant plusieurs boulots à la fois, on va s'en sortir.
— Tant mieux ! La vie n'est pas facile depuis la mort du pépé, mais heureusement vous êtes là

pour moi.
— Je réfléchis aussi à postuler pour un autre travail. Je sais qu'une entreprise recherche du personnel dans la métallurgie à Firminy.
— Si tu penses pour toi Charles, que c'est nécessaire, alors fais-le !
— Oui maman, je dois m'en occuper rapidement, je veux au moins être sûr que mes enfants et ma femme seront à l'abri du besoin.
— Tu es un bon fils avec du cœur comme ta fille,
— De laquelle parles-tu ? Anne ou Alice
— De Anne pardi ! Alice est trop petite.
— Hum... voilà donc la conversation qui revient sur ta petite protégée !
Et la réponse est non! La punition ne sera pas levée !
— Alors juste repoussée d'un jour ? Promis je lui fais un sermon le long de la route.
— Maman, je ne serais pas crédible. Une prochaine fois, pour la nouvelle séance.
— Je respecte ton choix, je vais le dire à Anne.
À bientôt ! mon fils. Je retourne chez toi. Je vais demander à ta margot de m'offrir un petit café.
— Excellente idée ! Attends-moi, j'en ai juste pour cinq minutes. Je finis de ranger et j'arrive.
Après ces mots prononcés par mémé je courus vite reprendre ma place derrière la fenêtre d'où je regardais la tête posée sur mes deux mains l'air de rien. La pluie avait cessé de tomber et un rayon de soleil timide perçait à travers les nuages.
Je la vis arrivée accompagnée de mon père bras de

dessus dessous, elle me fit un grand geste de loin en tendant le bras qui fendait l'air pour me faire signe. Mon cœur tapait si fort d'appréhension qu'il raisonnait en moi.

Je sortis de la maison pour aller à leur rencontre, en dévalant les escaliers

— Doucement, me dit-elle, tu vas tomber !

— Alors, alors, il a dit quoi papa ? Lui demandé-je, impatiente en évitant le regard de mon père posé sur moi, j'étais un peu déconcerté devant sa future réponse, je préférais m'adresser directement à ma mémé.

— Il a dit non ! Une prochaine fois répondit-elle devant lui.

Et ben tant pis dis-je en haussant les épaules pour faire style, en lui posant la question l'air décontracté.

— On y va quand alors au cinéma ?

— jeudi prochain pour la nouvelle séance, ton père t'y autorise.

À ce moment précis, je me retourne vers mon père en lui décrochant le plus beau des sourires tout en le remerciant.

Il me tira l'oreille gentiment et me dis,

— La prochaine fois, je ne serai pas aussi clément, alors j'espère que tu as bien compris la leçon !

Oui, oui ! Je serais sage maintenant conclus-je, en me retournant vers mémé pour lui demander.

— Il sera en couleur le film ?

Je posais cette question en remontant les escaliers à reculons, en faisant bien attention de mettre un

pied après l'autre…
Sinon une nouvelle chute serait assurée et mes genoux n'allaient pas apprécier.
— Je ne sais pas moi ! Quelle question, on verra bien.
— D'accord ! Je suis contente, mais les films en noire et blanc, je n'aime pas bien.
— Si tu continues, tu ne vas pas avoir du tout de film. Rouspéta mémé !
— Oui oui, désole, suis contente… lui dis-je en lui ouvrant la porte pour rentrer.
Ma sortie était juste repoussée, mémé avait gagné à mes yeux, grâce à elle, on ira ensemble voir le film et c'était « chouette ».
— Maman est dans la cuisine ? Me demanda papa, en regardant dans cette direction.
— Oui, il me semble ! Henry est toujours à la sieste, il dort encore à poing fermé.
Et moi j'ai lu une histoire à Alice, « boucles d'or et les trois ours ». Tu connais mémé ?
— Oui, c'est un joli conte.
— Je souhaitais qu'elle me « fiche la paix » et ça a réussi. Elle dort.
Ma grand-mère se mit à sourire devant autant de désinvolture.
— Je vais voir maman. Tu viens avec moi ? me dit-elle en me prenant la main.
En entrant dans la cuisine, le café était sur le feu et une odeur agréable se dégageait. Ce doux mélange que je n'avais pas le droit de goûter, « ça énerve » et tu es bien assez excitée ! me disait-on

Maman était attablé entrain de dévorer son roman. Elle leva les yeux de sa page, puis se tourna vers mémé et mon père l'air contrarié qu'on la dérange en pleine lecture en leur posant la question.
— Vous désirez un petit café tous les deux ? Il est encore fumant.
— Oui merci beaucoup... répondirent-ils en cœurs en se regardant avec complicité.
— Bien, je vous en sers deux alors ! dit-elle sans grand enthousiasme.
Maman sortit du vaisselier deux jolies petites tasses en porcelaine avec les soucoupes assorties où elle fit couler le café.
Elle était belle maman, je l'admirais. Elle savait donner de l'élégance aux moments les plus simples... Même quand on la dérangeait.
En fin de journée, papa raccompagna mémé en voiture jusqu'à la Ricamarie.
— Au revoir ma petite et à jeudi prochain. Soit sage et ne fait pas de bêtise ! me dit-elle en agitant le doigt.
Je partis en sautant à cloche-pied.
Tu es un vrai cabri, ce n'est pas possible, me cria-t-elle.

Les jours qui allaient suivre seraient longs et ennuyeux...
Je me promis de ne plus faire de bêtise, comme à chaque fois...

Quelques jours plus tard, je cherchais un

livre dans la bibliothèque de mon père pour me distraire quand mon regard s'est porté sur un recueil de Mickey.
Il en possédait plusieurs, j'avais le choix. J'en effeuille quelques-uns quand soudain un article m'intéresse. Un guide pour fabriquer soi-même des échasses. Ce drôle de jeu où un sens de l'équilibre est vraiment indispensable…

Pour le matériel, le manuel précise ce dont vous aurez besoin :

-2 boîtes de conserve vides

- Une corde

- Un gros clou

Pour la réalisation :

Vous devez commencer par laver et sécher les boîtes de conserve.
Avec le gros clou, faites deux trous l'un en face de l'autre à 2 cm du fond de chaque boîte.
Enfilez une corde dans les trous de chaque boîte et

nouez les deux bouts à l'intérieur.
La taille de la corde dépend de la taille de votre enfant.
Et voilà les échasses sont prêtes !

Après avoir lu attentivement les instructions :
Je me posai la question, mais combien je mesure pour la grandeur de la corde, je ne le sais pas ça moi !
Je devais demander à maman. Une maman ça c'est tout sinon elle demandera à son petit doigt apparemment, il lui parle et il sait plein de choses...
Je partis en chantant (le roi Dagobert qui a mis sa culotte à l'envers) rejoindre ma mère qui étendait son linge au jardin accompagné de mon petit frère assis sagement sur une couverture épaisse de couleur verte.
— Maman, maman! Criais-je en arrivant près d'elle, tu sais combien je suis grande ?
— Combien tu es grande ? Je ne comprends pas bien ta question ma fille.
— Et bien combien je mesure, pour la corde ?
— Mais quelle corde, tu devrais peut-être tout m'expliquer depuis le début ?
— Ah oui désolé ! J'étais tellement pressé que j'ai oublié de te dire, que je voulais fabriquer des échasses. J'ai trouvé l'idée dans le grand livre de Mickey.
— Je t'explique maman, il me faut deux boîtes de conserve vides, un gros clou, et de la corde.
Tu peux me donner 2 boîtes de conserve ? C'est

possible ?
— Oui, j'ai plusieurs boîtes de petits pois au garde mangé, rangées sur l'étagère.
— Si je demandais à papa de tuer deux cailles de son poulailler, on pourra préparer un bon repas, comme ça, tu veux bien maman ?
— Oui, vois avec lui ! Profites-en pour regarder dans son atelier s'il a un gros clou, de la corde, et un mètre pour te mesurer.
— D'accord ! Je lui demande et puis on va se régaler maman ! Lui dis-je en me frottant le ventre.
— En même temps Anne, tu peux prendre la balle à linge, et la déposer à la maison, tu seras gentille tout plein.
En feignant d'attraper mon frère sur sa couverture, au lieu de la panière (il était assis juste à côté) il me tendit les bras en pleurant pour que je le prenne. Il pleure toujours de toute manière (je le calmais très souvent avec du miel sur sa sucette, il en a mangé beaucoup du miel, mais heureusement maman ne me voyait pas…).
— C'est malin dis maman, tu as vraiment « le diable au ventre », prends le linge et files….
— Je le pose sur ton lit, et je vais voir papa, désolé pour Henry, je voulais faire une blague !
Ma mère leva les yeux au ciel comme si elle demandait au Bon Dieu de l'aider…
Je mis la panière en osier sous mon bras et me dirigeas vers la maison.

Je trouvai mon père dans son atelier entrain de

bricoler.
— Papa, je voudrais me fabriquer des échasses et j'ai besoin d'un gros clou et de la corde, tu peux m'en donner s'il te plaît ?
— Oui bien sûr ! Il regardera dans ses casiers accrochés contre le mur, je sais qu'il allait trouver, il très organisé et méticuleux dans le rangement.
— Tu peux me mesurer aussi ? La corde doit être de la même taille que moi.
— Bien commandant en chef! me dit-il en riant, avec sa cigarette roulée au coin des lèvres.
Il m'appuya contre le mur en mettant sa main au-dessus de ma tête, en donnant un coup de crayon net au-dessus de moi.
Je me dégageai d'un mouvement vif, en attendant le verdict.
Il me mesura et d'un air triomphant me dit :
— 1 mètre et 32 centimètres mademoiselle ! Tu dois encore manger de la soupe si tu veux être aussi grande que moi...
— Je n'aime pas trop la soupe et puis je ne veux pas être comme toi, mais comme maman, suis une fille moi ! Tu demanderas à Henry d'être aussi grand que toi si tu veux ! lui dis-je en lui soufflant à l'oreille.
Un regard plein de tendresse traversa ces yeux.
Avec les bras chargés : de la corde coupée à ma taille, d'une boîte remplie de gros clou et de deux boîtes de conserves qu'il gardait au « cas ou » rangées dans les casiers sous son établi.
Il me demanda en changeant de conversation.

— Tu as besoin de mon aide pour construire tes échasses ?
— Oui je veux bien papa ! Contente qu'il me pose la question.
Tout en discutant, on réalisa en moins d'une heure mon nouveau jeu ensemble.
— Papa je peux te confier un secret ? Tu veux bien être mon confident ?
— Pourquoi pas ? Je serais « bouche cousue », dit moi.
— Tu sais ? J'ai voulu faire ma grande avec maman tout à l'heure.
— Ah bon ! Pourquoi ?
— Ben... Je lui ai dit : qu'avec les petits pois du dîner de ce soir, on pourrait manger deux petites cailles que tu as dans la volière et que je te demanderais de les tuer...
— Tu as dit ça ? me dit-il l'air très surpris ! Mais tu n'aimes pas quand je tue les animaux.
— Oui tu as raison papa ! Je ne sais pas pourquoi j'ai dit ça à maman. Sûrement pour faire ma « grande » ... Mais je ne veux pas ! Tu peux lui dire qu'elles se sont enfuies quand tu as ouvert la porte de la volière ?
— Oui on va faire comme ça, me dit-il en riant dans « sa barbe », j'irais chercher un bout de lard au cellier pour en faire des lardons, c'est bon aussi avec les petits pois non !
J'ai passé une merveilleuse journée en compagnie de mon père ou notre complicité a grandi d'un grand pas, comme pour faire des échasses...

Notre dîner fut excellent, les petits dés de lards se marient très bien avec les petits pois je trouve mieux que les cailles toujours....
Le soir dans mon lit, je pensai à tous ses bons moments et mes rêves furent animés par des cailles, un morceau de lard qui flottaient, flottaient....

Quelque temps plus tard, mon père me fit la surprise de venir à la maison avec de vraies échasses en bois...
Mon père était très doué dans la matière, il était agile, le sens de l'équilibre devait être inné chez lui...
Mais moi, entre temps je m'étais entraîné avec mes boîtes...
— Je peux essayer s'il te plaît, juste une fois, allez ! Je lui dis en me tapant les mains.
— Tu es puni, mademoiselle ? me fit-il remarquer.
— Oui je sais ! Lui répondis je (en essayant d'esquiver le plus rapidement sa question) j'aimerais bien essayer de tenir dessus pour voir l'effet que ça fait.
— Juste une fois et après tu descends, promis me dit-il en me tendant ses deux grands bâtons.
— Promis, promis, lui dis-je impatiente...
— Tu veux bien me donner la main ? Papa je serais plus en sécurité.
Grâce à son soutien, je me hissai dessus et à cet instant
J'ai eu si peur... j'étais si haute, je fis un grand pas puis deux, trouva l'équilibre et je suis partie seule. Je pouvais voir si loin, c'était magique...

∞∞∞

Les vacances touchaient à leurs fins, bientôt l'école, avec de futurs camarades et bien sûr, afin j'espère de nouveaux jeux dans la cour pour la récréation ! Peut-être pourra-t-on jouer à la marelle, à la corde à sauter ou à mon jeu préféré « la balle au camp ». Mais dans un premier temps, il me faudra vaincre cette peur qui me tressaille le ventre, « me faire de nouveaux copains » puisque je changeais de classe. Je rentrais en CM1. J'espère que ma copine Éliane sera toujours avec moi, c'est ma voisine de la vallée (elle est plus jeune, 1 an de moins), elle est très en « avance » comme disent mes parents.... Pour moi, elle est surtout très mignonne avec ses belles joues toutes rondes comme des pommes que l'on a envie de croquer, et ses beaux yeux bleus rieurs. Je l'aime beaucoup et grâce à elle je suis moins timide, car je la connais elle ! Sinon, je n'aime pas ça les enfants que je ne connais pas et même les adultes, cela m'effraie.
Je croise les doigts derrière mon dos et j'y pense

très fort « ça porte bonheur » me dit souvent mon oncle frisé, comme les trèfles à quatre feuilles aussi ! Alors comme je crois tout ce qu'il me dit, j'espère en trouver un demain pour « la chance » quand je vais garder mes chèvres… Je pourrais le mettre dans mon nouveau cahier pour écrire mes leçons, je le collerais sur la dernière page, il serait la juste pour moi…

Depuis hier, ma punition est levée et je suis libre à nouveau, je me surprends à siffloter en chemin à la rencontre de Jo en savourant ces moments de joie… Papa a bien voulu me confier les chèvres à nouveau donc je vais être très prudente cette fois… Je ne veux surtout pas le décevoir.
Mémé est venue me chercher hier, pour aller voir notre film ensemble, c'était « un sacré moment » j'ai même eu droit à un chocolat glacé à l'entracte.

∞∞∞

Mes années d'écoles :

Je ne parlerais pas de mes années maternelles, je sais qu'elles ont existé, mais ne restent pas assez précises en moi pour les coucher sur le papier.

Depuis quelques jours, mon entrée à l'école primaire JEAN JACQUES ROUSSEAU au Chambon Feugerolles était devenue une réalité et tout se passait bien. Sauf la guérison de ma timidité. Cette dernière était en moi et s'y accrochait avec beaucoup d'ardeur. Elle me dérangeait, me faisait souffrir, c'est pour éviter cette gêne que j'ai appris dans la cour de récréation, a retourné mon manteau coté doublure, le serrer par les deux manches autour de ma taille et le faire virevolter autour de moi. À cet instant je me transformais au gré de mon imagination en une princesse, une héroïne qui me donnait force et courage.

On avait pour habitude, comme la route était longue jusqu'à l'école, de faire le chemin ensemble avec les copains : Jo, Éliane, son petit frère « rikou », Marc et moi.
On était une petite bande de copains qui se connaissaient bien. On jouait souvent ensemble pendant les vacances, surtout Jo, mon ami des quatre cents coups. Les autres enfants étaient ceux des amis de mes parents. Souvent les soirs pour les veillées, on se retrouvait tous autour d'un bon repas. Mon père jouait de l'accordéon, tout en buvant un petit canon. Il était marrant après deux ou trois verres à ballon ! Il faisait et disait des blagues

et j'en riais aux larmes ! Mais quel farceur il n'était pas.

On devait marcher 4 kilomètres pour arriver à notre école. Ma sœur Alice était sous ma responsabilité, je devais la déposer à la maternelle, puis je me rendais dans ma classe, qui se trouvait dans le bâtiment du côté. Une cour commune séparait les maternelles et les primaires, elle disposait d'un préau, où était distribuée la collation du matin qui se composait d'un verre de lait et de biscuits.

La journée d'école était de 7 h du lundi au samedi, le jour hebdomadaire de congé étant le jeudi... Les vacances scolaires étaient plus courtes qu'aujourd'hui (les grandes vacances débutaient le 14 juillet et la rentrée se faisait début octobre. Il y avait en outre une semaine de vacances à Pâques et à Noël.

J'aimais la renter pour une seule et même raison, tout prenait une autre dimension, grâce à elle je pouvais obtenir de mes parents de nouvelles faveurs : je me souviens bien de cette belle robe en coton couleur vert amande très tendre, sur laquelle étaient imprimées des clochettes de muguet. Je pouvais la faire tournoyer autour de moi telle une danseuse, mes chaussures vernies assorties a de petites socquettes blanches, venait se rajouter à cette panoplie qui était la clé magique d'un autre monde où j'aimais me transporter : grâce à elle j'endossais le personnage d'une parfaite petite élève…

Mon père pour l'occasion tenait absolument à m'offrir cette belle sacoche en cuir de couleur marron, certes elle était splendide, digne de celle d'un docteur. Mais beaucoup trop imposante pour moi…. J'en ai est fait bon usage deux jours ! Elle était si lourde à porter que je devais la glisser sous mon bras et la tenir à deux mains.
Au retour de l'école, je surpris cette conversation entre mes parents :
Charles ! Ce cartable est beaucoup trop lourd pour notre fille, gronda ma mère, tu lui en achèteras un autre demain en allant livrer les brosses…
— Oui Margot, lui dit-il, en voyant ses rêves disparaître (sa fille médecin ou avocate, cette idée ne lui aurait pas déplu) … je pense lui en trouver un plus léger, avec les bretelles dans le dos, il sera plus confortable pour elle.
Ma mère rassurée retourna à ses tâches ménagères.
Et moi j'étais soulagée…

Un plumier en bois, une ardoise et de belles craies de différentes couleurs (bleue, rose, vertes, jaunes, blanches) complétaient ma tenue d'écolière modèle.

On mangeait tous les jours à la cantine à midi, le trajet était trop long, on ne pouvait pas rentrer à la maison. Éliane était dans ma classe, c'était bien, je me sentais moins seule. Des sourires timides commençaient à naître sur le visage de certaines de mes camarades. Sûrement pour faciliter une approche. Pour ma part, je me contentais de le rendre. Le temps ferait le reste. Les jeux de la recréation nous rapprocheront sûrement, enfin je l'espère.

Notre classe se composait de 30 d'élèves. Nous avions un maître d'école. Il était de taille moyenne avec une corpulence robuste, un visage rond et les cheveux en bataille qui lui donnaient l'air d'être un grand savant. Sûrement qu'il l'était c'était un professeur. Cet homme était plutôt gentil, avec des gestes lent et régulier quand il écrivait les leçons au tableau. Après les cours, mes copains, Éliane et moi on remontait la vallée jusqu'à nos résidences mutuelles. Ma petite sœur posée sur les épaules de Jo riait aux éclats, ses cheveux bouclés dansaient autour de son visage à chaque pas sautillé.
La fin d'après-midi commençait toujours par les devoirs avec papa, pour l'instant on avait juste une leçon à apprendre, c'était chouette. J'aurais le temps d'aller chercher Jo pour aller aux chèvres.
— Papa, j'apprends ma poésie que mon nouveau mon maître m'a donné. Tu pourras me la faire réciter ? Je lui demande, et après j'irais sortir les bêtes ?
— C'est une question ou une affirmation pour les chèvres ? me dit-il
— Une question bien sûr ! Je lui répondis.
— Ah tant mieux, j'avais cru mal comprendre. Allez file vite dans ta chambre apprendre ton poème et on verra si tu la bien retenu... me recom-

manda-t-il.
— Je reviens vite ! lui dis-je sur de moi (j'ai la chance d'avoir une très bonne mémoire) et j'en profite…
En poussant la porte de ma chambre, je surprends mon reflet dans le miroir de ma coiffeuse, j'ai les joues rouges, mes cheveux longs décoiffés et mon beau ruban bleu défait…
Je pense qu'un brin de toilette ne me ferait pas de mal, je saisis ma jolie brosse offerte par « mémé » pour remettre en ordre la jolie coiffure que maman m'avait faite ce matin pour l'école. Si elle me voit ainsi elle va faire un « malaise ».
J'ouvre mon livre, le temps presse, arrête de rêver, je me dis…. Sinon tu n'auras pas le temps de sortir…
J'ai eu le temps d'apprendre, de rire avec Jo, de caresser mes chèvres… Ma première journée de l'année scolaire avait bien commencé.

∞∞∞

L'automne arrivait avec ses belles couleurs qu'il procure. La cueillette des champignons et les belles promenades dans les bois pour ramasser les châtaignes étaient de retour.

C'était l'occasion de faire des veillées entre voisins, parents et enfants. On s'installait autour d'un bon feu de cheminée où les « anciens » contaient des histoires. On mangeait des marrons chauds, accompagnés d'un petit vin à la cannelle. Les enfants étaient autorisés à boire un petit verre, alors je savourais le mien doucement...

Sinon, en classe ma timidité s'était un peu réduite grâce à mes nouvelles camarades. Des clans se formaient et je faisais partie de l'un d'eux, il était composé de trois copines et moi. Éliane se joignait à nous, même si elle était plus jeune. Notre groupe s'appelait les rubans bleus. Tous les jours on devait s'en attacher un dans les cheveux pour signer notre appartenance et jouer ensemble.

Le jeu de la marelle ne possédait plus aucun secret pour nous : on se devait d'atteindre la case « ciel » en premier.

À la balle au camp, on était imbattable. Nos autres camarades aussi d'ailleurs, de beaux échanges se déchaînaient et des éclats de rire fusaient dans la cour. Jusqu'au sifflet du maître signant la fin de récréation.

Avant, j'avais quand même eu le temps

de boire le verre de lait de ma sœur, qui nous était servi sous le préau. Elle n'aimait toujours pas ce breuvage (boisson ayant une vertu particulière), bénéfique pour la croissance des enfants de l'après-guerre nous disait les professeurs ! Elle restera petite, tant pis… Mais pas moi ! J'avais droit à double ration grâce à Alice qu'elle chance….

Les matières de français et de mathématique étaient données le matin par notre professeur. L'après-midi on ouvrait nos livres de « leçon de choses », insectes, fleurs, plantes en illustraient les pages.

J'aimais bien l'école, mais celle de la vie était encore plus intéressante. C'est pourquoi, après mes devoirs du soir je m'empressais à courir chercher Jo, le prendre par la main, traverser ce petit pont en bois ou la rivière passait dessous pour savourer ces moments de liberté.

∞∞∞

Comme mon père l'avait expliqué à ma « mémé » quelque temps plus tôt, il postula dans une usine de métallurgie des environs. Il démarra ce nouveau poste très rapidement, son profil intéressait les patrons.

« Les compagnies des ateliers et forges de

la Loire » produisaient essentiellement de l'acier. Il a obtenu un poste de contremaître au sein même de l'atelier. Il complétait ce nouveau poste avec ses tournées de la brosserie.
Il a ainsi obtenu ce qu'il souhaitait, un salaire conséquent pour nous choyer et nous mettre à l'abri du besoin.
Il travaillait à la journée, à 18 h il était rentré à la maison. Il aimait prendre le temps de corriger mes devoirs. Bien sûr, il devait jongler avec un emploi du temps bien rempli, mais je n'en ai pas souffert bien le contraire. De nouvelles robes, poupées, etc. … Pour ma sœur et moi, investir nos chambres. Mon frère reçut comme présent un gros nounours brun qui l'effraya et le vaccina à vie contre ses drôles de créatures. Pauvre henry…

Par une belle après-midi où le soleil brillait généreusement pour la saison, mon père enfourcha son vélo, son pantalon retenu par une sorte de grosse épingle à nourrice pour éviter tout déraillement.

— Les filles je descends au Chambon Fougerolles, nous dit-il en mettant un coup de pédale pour s'élancer.

— À tout à l'heure, soyez sage ! Je reviens vite…

— Mais tu vas où ? lui demanda Alice

— Ah ! Ah ! Surprise ! nous dit-il de loin.

Assise sur les escaliers, on reprit notre partie d'osselet, où je faisais semblant de perdre… Les petits enfants aiment bien gagner ! « Ça leur donne la confiance », disait mon oncle frisé.

On a eu le temps de faire 3 parties, de manger notre goûter préparé par maman (des tartines de pain avec la confiture de prune du jardin). Avant de l'entendre arriver en fredonnant une chanson, on s'empressa vite de rejoindre notre père à ce moment-là. Il adossa son vélo contre le mur, un paquet emballé dans du papier kraft entouré de raphia posé sur sa porte de bagage, attira mon attention.

— Papa, c'est quoi lui dis-je en désignant l'objet du doigt ?

— J'y viens, j'y viens, dit-il en faisant un clin d'œil.

Il prit colis, et nous le tendit.

On s'empressa de défaire la ficelle et d'arracher le papier pour regarder à l'intérieur, et surprise ! Deux belles paires de sabots pour nous deux.

— Au papa, ils sont trop beaux, lui dis-je enjoué (ceux de ma sœur étaient d'un beau jaune doré et les miens d'un noir brillant avec des étoiles dessinées sur chaque côté).

Je les ai remarqués hier en rentrant du travail, nous dit-il. Ils étaient posés en vitrine dans la boutique de chaussure. Je voulais faire un petit cadeau à mes princesses.

On enfila nos sabots, ils étaient justes à notre pointure, on se mit à courir dans tous les sens, on a ri si fort que notre mère en regardât par la fenêtre.

Ce formidable moment se termina par une « bourrée auvergnate » en faisant claquer nos sabots sur le sol.

∞∞∞

Les visites de mémé s'espacèrent avec le début de l'hiver, mais j'accompagnais régulièrement papa à la « brosserie ». Ils me manquaient tous beaucoup, j'étais heureuse de les revoir, l'hiver était triste, le froid gardait les gens à l'abri. Ma tante et mon oncle « frisé » étaient bien occupés aussi avec la fabrique. Mon tonton Jeannot aidait aussi, enfin comme il pouvait... Il n'était pas très doué de ses dix doigts à les entendre tous parler...

À la maison, je devais aussi très souvent m'occuper d'henry qui grandissait a vu d'œil. Il était mignon, mais assez craintif. Alice restait avec moi, toujours dans mes jupes comme à son habitude, elle n'en restait pas moins adorable.

Corine :

De nos jours : maison de retraite « le chasseur »

30 avril 2020 : période de confinement

Depuis une dizaine de jours le gouvernement autorise à nouveau de rendre visite à nos propres en maison de retraite, sous plusieurs conditions : une prise de rendez-vous doit être fixée par la direction, la demande doit être faite par l'équipe médicale ou la résidente. Un protocole strict doit être scrupuleusement respecté : le port du masque et le lavage des mains avec une solution Hydro alcoolique. Une vitre en plexiglas sera disposée pour maintenir la distanciation sociale : 1 mètre entre chaque personne pour éviter toute propagation du virus. Une sorte de parloir… Une charte doit être signée.

Comme vous pouvez facilement l'imaginer, Anne, ma maman a demandé à me voir le plus rapidement. Deux mois que je n'ai pas pu lui rendre visite ! Notre rendez-vous est fixé au 30 avril à 15 h.
Mon mari fut autorisé à m'accompagner. J'ai enfin pu la revoir, mon émotion était perceptible, surtout derrière mon masque. Mon pouls s'accéléra et ma température corporelle augmenta, ce qui créa une once de buée derrière mes lunettes.
Son aide-soignante poussa maman dans son fauteuil, puis l'accompagna par le bras jusqu'à notre table. Sa malvoyance lui altéra sa visibilité derrière la vitre de séparation.
Son angoisse bien présente ne peut résister longtemps à notre sens de l'humour et notre complicité. Cette force mutuelle que les années et nos épreuves ont créée.
Juste 30 minutes nous sont accordées : c'est court, c'est bref, une parenthèse ouverte dans cet épisode de notre vie.
Demain, on reprendra notre rituel, que nous effectuons maintenant depuis 45 jours, le futur n'excitera plus, juste le présent sera important.
Notre retour dans son passé : ce monde où elle et moi, nous n'aurions jamais pu nous croiser.

∞∞∞

Chapitre 6

1953 : Anne

Printemps à Chaponost :

Régulièrement, pour rassurer maman inquiète au sujet de la santé de sa mère et de ses conditions de vie, on bouclait nos valises le temps d'une semaine, pour rejoindre Chaponost (c'est une commune de la banlieue de Lyon dans le Rhône), à 1 heure de Saint-Étienne. Où vivaient mon pépé Auguste, et mémé Marguerite.

Pour nous y rendre, nous devions prendre deux cars. Le premier en partance de la Ricamarie, nous conduisait sur la place Chavanel à Saint-Étienne. Le deuxième se dirigeait sur Brignais ou il nous y déposait. Nous partions avec nos deux vélos que l'on accrochait à l'arrière du bus.

Arrivé au terminus, on continuait la route avec nos vélos sur 5 km pour rejoindre Chaponost. Un chemin en terre qui montait à travers les prés nous obligeait à descendre de nos bicyclettes.

La route se continuait à pied pour atteindre cette grande maison, qui visiblement manquait d'entretien. Un muret entourait la cour, de grands sapins la gardaient des vents de l'hiver.

Mémé Marguerite vieillissait, elle était faible, mais continuait de travailler comme femme de ménage pour économiser un petit pécule qu'elle cachait sous son matelas. Quiconque ne pouvait l'approcher de près son matelas. D'après les dires de maman, personne ne savait de quoi était constituée « sa chasse gardée ». Mémé, paraît-il, pouvait se révéler très contrariée à la moindre question à ce sujet. On sous-entendait dans la famille qu'elle possédait même une superbe pierre précieuse.
Plus rien ne la liait avec grand-père, la maison était divisée en deux : d'un côté, le gauche était occupé par ma mémé.

Le pépé le lui avait légué. C'était juste une pièce sommaire qui comportait son lit en ferraille avec une petite table de nuit où était posée sa vierge noire. Celle des gitans, ses origines que son mari ne cessait de lui répéter. Il était amer l'auguste… de vieux démons venaient le hanter. La guerre lui avait noirci son être, elle préférait ne pas se plaindre, éviter au maximum d'attiser sa

colère était nécessaire pour sa survie.
— Tu n'as pas besoin de plus ! Ta lignée est celle des gitans ou des Tziganes comme tu le dis si bien ! Tu te souviens des camps de Reims ? Tu peux te contenter de peu pour vivre n'est-ce pas ?
Elle se pliait à ses volontés, cette pièce était largement suffisamment grande pour recevoir sa tranquillité.

C'était une petite dame maigrelette, les cheveux très long et fin, noir comme ceux de ma mère. Elle les cachait sous un béret noir, un tablier de la même couleur lui entourait la taille. Ses pieds étaient chaussés de galoche en bois inconfortables.

En 1919, âgée de 28 ans, elle avait survécu à la grippe espagnole.

Le grand-père et elle s'étaient rencontrés pendant la Première Guerre mondiale. Lui avait été déporté en Allemagne d'où il était revenu avec beaucoup de fantômes à ses basques. Elle, c'était une vagabonde qui disait la bonne aventure. Ainsi leur amour vu le jour, puis leur première fille Marie et ma mère en second.
Cette période était loin derrière eux, seule cette ombre de vie pouvait se pencher sur eux dans leurs rêves.

Le côté droit était réservé à Auguste (le grand-père). Il avait transformé sa grande cuis-

ine en chevrière pour accueillir sa vingtaine de chèvres. Pour lui, juste un bout de table pour casser la croûte où il prenait place pour couper avec son canif, son saucisson, fromage et pain. Son seul repas de la journée.
Il se disait dans la famille qu'il était de plus en plus fou l'Auguste ! Que ses souvenirs de guerre lui rongeaient son âme. Avec moi il était encore gentil, des fresques de son bon cœur d'antan.
Je l'attends encore me dire sur son ton protecteur. Ne rentre pas dans le garde-manger ! (Ce grand frigo naturel), où il y faisait si froid. Cette cave qui était creusée dans la roche à l'intérieur de la maison donnait un aspect particulier et mystique à cette belle demeure d'apparence abandonnée.
Son activité préférée en plus de ses chèvres. C'était la pêche aux écrevisses. Il me sommait, sur ce ton très particulier, bien à lui, de le suivre à la rivière.
— Tu viens petite ! me dit-il, prend la bourriche avec toi (ce drôle de panier à salade ou il plongeait les écrevisses une fois attrapées).
— Oui pépé, j'arrive, je te suis.
— On a une bonne heure de marche. Va donc te chercher un bout de pain et de fromage de chèvre dans le buffet. Et aussi, une gourde pour épancher notre soif ! M'ordonna-t-il de son air bougon.
Comme il avait commencé le chemin sans moi (il était de nature impatiente)
J'essayais donc de le rattraper en courant à toute vitesse en criant derrière lui…
Il avançait vite grâce à sa haute taille. La cam-

brure de ses jambes était très accentuée. Ses godillots étaient tout usés sur le côté à cause de cette démarche.
— Pépé, je peux te poser une question ? Pourquoi tu ne souris jamais ?
— Arrête de courir comme sa petite effrénée ! Tu es toute rouge ! Mais boit donc un coup ! me dit-il en me tendant la gourde qu'il venait juste de me prendre à l'instant.
— Je ne sais pas trop, me dit-il d'un air songeur, en se grattant la tête. Les misères de la vie ont dû me le faire oublier... je ne suis plus rien qu'un vieux rustre qui attend de casser sa pipe.
— Mais pépé tu ne fumes pas ! Tu ne peux pas la casser ?
— C'est une expression, ça veut dire que je n'ai plus envie de vivre et que j'aimerais bien que le Bon Dieu vienne me chercher rapidement. Qu'il serve à quelque chose celui-là ! (Décidément c'était bien le père a maman, ils tenaient toujours de drôle de propos du seigneur)
— Oh non-pépé ! Je lui répondis choqué en me jetant dans ses bras. Qui va m'apprendre à attraper les écrevisses après sinon ?
— Viens-la, tu es tout essoufflée. Je suis trop rapide pour toi. Grimpe donc ici, me dit-il en se penchant à l'avant pour que je me hisse sur lui en me désignant de son pouce l'emplacement.
En un clin d'œil, je me retrouvai propulsée sur ses épaules. J'étais encore plus haute que sur mes échasses. Mais qu'il était grand mon pépé.

En quelques enjambées nous sommes arrivés près de l'eau
Il me fit descendre avec prudence. J'enlevai mes espadrilles pour tremper mes pieds dans l'eau, quand pépé m'expliqua.
— Cette rivière s'appelle le « Garon » ; elle occasionne des crues rapides et violentes en pleine saison. Mais elle ne cause pas trop de dégâts. Elle arrache juste quelques ponts et passerelles sur son passage.
— C'est quoi pépé, une crue ?
— C'est quand il pleut trop, l'eau monte et la rivière sort de son lit.
— Ah ! Je comprends mieux je lui dis en le coupant…
Il parlait bien mon pépé, il disait de grands mots que je ne comprenais pas toujours.
En fin d'après-midi, les écrevisses étaient pêchées et prêtent à être ébouillantées.
De retour à la maison, maman s'occupait du nettoyage avec mémé. Elle l'aidait à épousseter la maison, dans la cour, les tapis étaient tendus, attendant d'être frappés par une grande tapette en rotin. Les draps trempaient dans la grande bassine remplie d'eau bouillante. Le grand ménage faisait son retour.
Arrivé, mon grand-père observa tout ça d'un œil inquiet. Puis il rouspéta en jurant.
— C'est quoi tout ce « tralala » ! Non de dieu ! Margot, ce ne sont pas tes affaires !
— Arrête de jurer ! Toujours aussi aimable à ce que

je vois répliquais maman
— Ce ne sont pas tes oignons ! J'espère que tu t'occupes juste du côté de ta mère et pas du mien !
Ma mère répondit l'air consterné
— Tu n'as rien à craindre. Je n'ai pas dérangé tes chèvres, elles occupent toujours leurs quartiers.
Ma mémé de loin regardait cette dispute sans trop en saisir les propos, elle était sourde, de gros ganglions prenaient place sous ses oreilles. Pauvre mémé...
Elle tourna les talons pour se réfugier dans sa tranquillité, en regagnant son lit où en fermant les yeux, elle oublia ce monde extérieur...
Je comprenais bien mieux maman à présent. Elle devait être souvent inquiète pour elle au quotidien.
Mon grand-père m'encercla le bras pour me guider dans sa direction en ignorant ma mère.
— Allez petite ! me dit-il, vient avec moi cuire les écrevisses.... Ces drôles de bestioles changeaient de couleurs à la cuisson. Elles devenaient rouges...
En début de soirée, les écrevisses étaient prêtes à être dégustées.

Au cours de cette année, on est revenu encore à deux reprises. Pour l'été et l'automne.

Mon grand-père fut exaucé par le Bon Dieu. Il est venu le chercher un dimanche, une voiture l'a percuté à vélo au détour d'un virage. C'était un rude pépé, il a mis plusieurs jours avant de mourir, d'après les dires de ma mère, à l'hôpital des grands brûlés de Lyon…

Mémé a continué à vivre seule dans cette grande bâtisse, entourée de ses chèvres
Sous le regard des malfrats qui en voulait à son butin économisé après de durs labeurs. (Elle le cachait maintenant dans une petite boîte au niveau de sa poitrine).
Elle est morte peu de temps après dans de drôle de condition… une enquête fut ouverte, mais jamais élucidé.

Ma mère fut rongée par la culpabilité à jamais… Cette année-là une part de maman est morte avec ses parents à « Chaponost ».

Et, moi ce pépé tellement particulier allait terriblement me manquer ainsi que mémé.

∞∞∞

Le temps des foins, au mois de juin était une période festive. Tous les voisins de la vallée se réunissaient pour faucher les prés et faire sécher l'herbe fraîchement coupée pour ensuite les

mettre en fagot afin que nos bêtes en hiver aient de quoi se nourrir. Cette technique avait la particularité d'embaumer l'air environnant de belles senteurs.
J'aimais ces moments où l'on était tous réunis. Les hommes eux prenaient la faux, bien que Annie, la sœur de Jo se révéla aussi très forte aussi pour manipuler cet outil de précision. Les femmes en général se cantonnaient à regrouper l'herbe pour ensuite l'étaler.

Et moi, pour cette occasion, je me familiarisais avec ce beau râteau en bois que les grands voulaient bien me confier. Il était visiblement beaucoup trop grand pour moi. Mais tant pis, cela m'amusait réellement.
Pendant ces moments-là, à nouveau mon esprit divaguait. Je me retrouvais projeter dans une autre histoire que la mienne. Mes cheveux longs, que je sentais flotter sur mes épaules, me donnèrent le sentiment d'être une fée d'un autre monde venue sur terre pour aider tous ces braves gens à accélérer le temps pour que soient réalisées plus vite les bottes de foin. Mais, l'écho de la voix mélodieuse de ma mère qui chantait au milieu du pré me ramenait soudainement à la réalité.

Vers le milieu de l'après-midi, mon oncle frisé était présent dans les prés voisins du nôtre pour donner un coup de main. Pour ma plus grande joie, il était entrain de coupé l'herbe quand je le reconnus de loin. En arrivant à sa hauteur, je vis de tout petit caneton jaune qui traversait le

champ. La rivière n'était pas très loin. Mais pourquoi se trouvaient-ils à cet endroit ? Et/ou était leur maman ? Je ne savais pas trop. Ma seule préoccupation était de les sauver. Je me mis donc à hurler le nom de mon oncle pour qu'il m'entende.
— Tonton frisé ! Fais attention avec ta faux ! lui dis-je en arrivant vers lui.
— Mais pourquoi ma cocotte ? m'interrogea-t-il
— Des tout petits canards sont justes à côté de toi. Je viens juste de les voir passés.
— Et ben dis donc heureusement que tu les as vus sinon j'aurais risque de les couper en deux....
— Oh non-Tonton ! Ils sont trop beaux !
Je me mis à courir pieds nus dans le pré pour les faire fuir en tapant dans les mains.
Mon oncle se mit à rire. Ce rire si fort et puissant que j'aimais tant.
Le soleil couché, tout le monde s'attablait autour d'un bon festin où coulait à nouveau le vin rouge préalablement stocké dans de gros tonneaux en bois. C'était moi qui étais chargé de son approvisionnement dans des bouteilles en verre. Ah ! ce fameux liquide que ses messieurs affectionnaient tout particulièrement. Ce service m'était confié sûrement dû au fait que je savais ouvrir avec précaution le robinet du fût et remplir sans en faire couler une goutte à côté. Comme le soleil leur avait bien cogné sur la tête pour sur toute la journée, leurs gestes étaient beaucoup moins précis que les miens. Mais c'était seulement dû à la chaleur et absolument pas à cause de l'alcool de

ce jus de raisin bien rouge. « Rien d'autre juste des fruits et du sucre » me clamaient-ils autant qu'ils pouvaient... Et seulement 9,5 degrés d'alcool. Pour nous les enfants, de la limonade nous était proposée. Cette délicieuse boisson sucrée avec ses fines bulles qui explosaient en bouche. Quel délice !

∞∞∞

Après ces excellents moments de vie, un autre s'installait à la fin des grandes vacances, juste avant la rentrée des classes, la vogue du Chambon Feugerolles. Elle prenait sa place autour de l'église jusqu'à la mairie pour 15 jours, elle était composée de manèges pour enfants que ma petite sœur adorait, d'un carrousel et de plusieurs stands qui proposaient ses fameuses pommes d'amour rouge et brillante à l'image de celle du conte de Blanche-Neige et d'autres confiseries aussi. Pour maman c'était l'occasion parfaite de distraire ses deux petites filles le temps d'une après-midi. Mon frère resta lui avec mon père à la maison comme il était encore trop petit en taille. Je revois encore maman dans sa belle jupe longue de couleur noire agrémentée sur son premier volant de dessin de biche et d'oiseaux. Un joli corsage assorti finement lacé de rubans laissait apparaître un beau décolleté sans équivoque. Ces cheveux long et noir étaient jetés sur ses épaules. Quelle était belle maman ! Mais, je n'étais pas la seule à le remarquer. Le monsieur de la fête foraine en oubliait d'arrêter son propre manège. Son attention était prise par l'élégance de maman, et grâce à elle je me donnais à cœur joie de plusieurs tours qui s'offraient à moi. Elle me fixait du regard à l'abord du carrousel en s'impatientant et en soufflant tout en croisant les bras. Ce qui faisait rire le forain… de loin. Enfin… à cette époque je croyais cela ! Certainement dû à la naïveté que me procurait mon âge.

— Anne ! Ton tour est fini, descend maintenant de ton cheval ! me lança-t-elle.

— Mais maman je ne peux pas le monsieur ne l'arrête pas ! Regarde… Lui fis-je observer.

— D'accord, tu as de la chance, profites-en ! Me dit-elle en se retournant flattée vers le gérant de cette plateforme où différents animaux, calèches, etc. se côtoyaient.

— Je vous remercie beaucoup pour ma fille. Son troisième tour est offert n'est-ce pas ?

Oui madame avec plaisir ! Je suis honoré de votre présence, une telle beauté que vous est un spectacle pour mes yeux. Lui dit-il intimider.

Et je crois bien qu'à ce moment-là maman a rougi…

Mon cheval s'arrêta peu après et me déposa juste à côté d'elle.

— Tu viens Anne, descend ma chérie. me dit-elle en me tendant la main. Maintenant on doit réussir à persuader Alice de bien vouloir sortir de sa petite voiture rouge. Cette automobile qu'elle pilotait avec la plus grande fierté qu'une fillette de son âge peut avoir, ses deux petites mains posées autour du volant. Ces petits véhicules étaient spécialement conçus pour des enfants de petite taille. Après un tour supplémentaire, ma sœur fut enchantée à l'idée de manger une belle pomme d'amour, toute rouge.

— Venez mes filles, on va au stand qui se trouve à côté de la mairie, où vous attendent sûrement encore vos confiseries préférées, nous dit-elle

En partant, je réalise tout à coup que j'ai oublié mon petit sac à main marron. J'avais pris soin d'entortiller sa sangle autour de la queue en tir bouchon du cochon rose pour ne pas le perdre. Cet animal était posé juste à côté de mon beau cheval de princesse.

— eh bien ! Heureusement que tu n'y penses pas trop tard ! Espérons qu'il y sera encore…

— Ah oui j'espère aussi ! Surtout que dans mon porte-monnaie j'ai quelques pièces données par tonton frisé et mémé pour acheter mes tours.

— On y va vite alors ! me dit-elle en serrant la main d'Alice dans la sienne.

En arrivant auprès du manège, je courus autour de lui et grimpa dessus en marche. Ma maman se boucha les yeux avec ses deux mains pour ne pas assister à mes péripéties. Heureusement mon sac était toujours présent, encore accroché à la queue de mon cochon. Je pris soin de le décrocher en cherchant l'équilibre avec mes deux jambes écartées pour ne pas tomber. Mais le manège à ce moment-là, commençait à s'arrêter doucement... j'en profitais pour descendre en sautant pour rejoindre la terre ferme.

— Tu as eu de la chance, fais attention la prochaine fois, me recommanda-t-elle en me faisant des gros yeux. Du temps, les autres mamans qui attendaient leurs enfants, disaient à haute voix « mais quelle petite imprudente ».

— Oui, promis ! On y va maintenant manger nos belles pommes, je lui répondis presser. Et c'est moi qui les paye avec mon argent.

On en a pris trois biens rouges, que l'on dévora à pleines dents. Enfin presque la mienne s'est décrochée du bâton pour tomber à terre. Je fus donc contrainte de l'essuyer avec mon petit mouchoir à carreaux. Mais ma maman m'en passa l'envie.

— Anne arrête ! Tu vois bien qu'elle est pleine de petits cailloux, viens on va la rincer à l'eau claire de la fontaine juste là. Me dit-elle en me la désignant du doigt.

Pour notre retour à la maison, papa est venu nous chercher en voiture. Le rendez-vous était posé à 17 h 30 au pied de l'église. Il n'aimait pas nous savoir seules pendant ses périodes festives.

En soirée une fête était organisée. À cette époque, toutes les occasions étaient bonnes pour profiter de la vie. En général, ces moments finissaient arrosés de bon vin rouge, qui ne faisait pas mal, paraît-il ! Au dire des hommes de la vallée, excuse non recevable pour leurs dames...

Le temps s'écoula laissant derrière moi, une belle saison. L'école fit à nouveau son apparition avec sa routine bien encrée. La cantine, les devoirs et les leçons à apprendre. L'automne puis l'hiver suivras de la même manière que toutes les années se découlent, je devenais grandette, ce qui me permettait de poser un regard différent sur le monde des adultes. J'ai compris que cette année qui allait suivre serait celle des embarras de ma petite mémé Sophie que j'aimais tant.

Chapitre 7

1954 : Anne

Comme je l'ai pressenti avec mon âge grandissant. Cette année fut bien celle des difficultés financières de grand-mère.
Elle devait faire face et affronter cette nouvelle situation. Son mari lui manquait affreusement, mais il était plus la « mon pépé Marius » et elle devait faire honneur à sa mémoire.

Ce fut un homme bon qui pensait l'avoir laissé à l'abri du besoin. Mais la pension de guerre de 1914/1918 que lui versait l'état tous les mois, c'était interrompu.
Elle s'était alors pourvue, avec l'aide d'homme de loi, contre le ministère des anciens Combattants qui lui avaient rejeté sa demande de pension de veuve. Elle ne pouvait donc pas prétendre à sa réversion.

Juste la brosserie remplissait le bas de laine. Pour se rajouter à tous ces tracas, un impôt spécial sur les voitures automobiles de tourisme, lui était demandé de payer. Sa demande d'exonération avait été déboutée.

Toutes ses démarches se voyaient obtenir un refus. Elle décida alors à contrecœur de vendre la voiture familiale, notre B2, qui lui assurait encore les tournées pour vendre notre production. Ce fut une solution difficile, mais profitable grâce à l'argent récolté elle pouvait régler ses dues.
Mon père se vu donc obliger de rechercher un autre moyen de locomotion pour assurer leurs travaux collectifs.
Il trouva sur le marché de l'automobile, un modèle moins récent qu'il dut transformer en fourgonnette pour ranger les balais et les brosses de la fabrique.
Mon oncle frisé mit sur la table un petit pactole pour aider mon père dans ce nouvel achat.
Ainsi mon père put continuer ces tournées pour la fabrique. Les affaires commençaient à prospérer à nouveau comme du temps de mon pépé. Mon père avait eu l'idée de démarcher les usines de la région pour vendre nos produits. Celle-ci avait répondu avec entrain à son offre. C'est vrai que nos produits étaient résistants dans le temps, notre réputation et notre gage de qualité nous faisaient profit. Un vrai soulagement pour nous tous.

Grâce à ces nouveaux changements, à la maison il régnait une ambiance sereine et plus joyeuse. C'était une aubaine pour mon tout jeune frère, mes parents étaient sûrement plus cléments avec lui. Arrivé à l'âge de 3 ans, il expérimentait son environnement. C'était le roi des futures bêtises à venir, il cherchait ses repères, poussait mes parents dans leur retranchement pour savoir où était ses limites. C'était un ange dépourvu d'aile, un véritable petit diable. Toutes les occasions étaient bonnes pour faire enrager papa, maman et moi-même. Comme celle d'une livraison pour un client de la Ricamarie, où mon père eut la surprise de découvrir à l'arrière de sa nouvelle voiture, une étrange commande qui n'était pas comptabilisée : son cher fils... En déchargeant le matériel auprès de son acheteur. Il le trouva caché à l'arrière au milieu des balais et des brosses, sous la bâche fixée avec des sangles. Il avait ainsi pris place, couvert de la terre du jardin dans laquelle il devait jouer. Mon père du maîtrisé une colère et une peur grandissante à cause du danger et de la distance parcourue, au moins du temps de conclure sa vente. Une fois celle-ci terminée henry a vu son oreille s'étirée et son arrière-train botté pour se caler sur le siège avant de l'automobile sans bouger tout le long du trajet, jusqu'au retour à la maison.

Ce jour-là, nous avons connu maman, Alice et moi un autre aspect de la personnalité de mon père. Certes, il était plus patient, plus calme, mais quand même, ce jour-là il avait vu rouge...

∞∞∞

On était au mois de mars et les hirondelles commençaient à revenir d'un long voyage des pays plus chaud. Je décidai donc de me renseigner sur ces fameux oiseaux migrateurs que j'adorais observer. Le lendemain matin des expéditions de mon frère, en allant à l'école, j'en discutai avec mon copain Jo. Il me conseilla d'aller empreint un livre à la bibliothèque de notre classe…

— Ah oui Jo ! c'est une très bonne idée, dès que j'arrive je vais le demander à notre maîtresse. Lui répondis-je.

— Oui, voilà, comme ça tu pourras répondre à toutes tes questions et en même temps j'en profiterais. Peut-être, qu'a grâce à toi plus tard je deviendrais, quand je saurais grand « un observateur des oiseaux » ! me dit-il fièrement.

— Mais comment s'appelle ce métier à ton avis ? Je ne pense pas que c'est un observateur ? lui fis-je remarquer en me tapant le coin de la bouche comme quand on réfléchit.

— Tu as peut-être bien raison me dit-il en souri-

ant, essayant de garder son air sérieux malgré tout.
— j'espère trouver les réponses dans mon futur livre ! Je suis pressé maintenant. Tu es trop intelligent et j'ai de la chance de t'avoir comme copain ! Tu sais ? lui répondis-je en lui faisant un bisou sur la joue.
En arrivant à l'école Jo m'empressa d'aller voir ma professeure.
— Vite vite ! On y va me dit-il. Sans prendre le temps de jouer. Avant même que la cloche eût sonné pour signaler notre regroupement sous le préau pour rentrer en rang dans notre classe. On se retrouva à nez à nez avec notre maîtresse qui distribuait nos cahiers sur nos bureaux.
— Bonjour, madame, vous allez bien ? lui demandons-nous en cœur.
— Bonjour les enfants. Oui je vais très bien et vous ?
— Oui, on est en pleine forme et on a plein de questions pour vous !
— Ah bon ? Je vous écoute. Mais dites-moi, vous êtes bien matinal aujourd'hui ?
— C'est parce que l'on veut savoir si vous avez un livre sur les hirondelles et les oiseaux migrateurs.
— Je pense que oui... Venez, on va regarder ensemble dans notre « coin à livre ». Nous dit-elle en le désignant du doigt le fond de la classe. Mais pourquoi un tel intérêt soudain pour les oiseaux ?
— C'est Anne, madame, qui s'y intéresse, elle aime les regarder arriver en cette saison et se poser sur les fils de nos poteaux. Lui répondit Jo.

— J'ai une idée, les enfants. Si je vous confiais un travail où vous pourriez obtenir de jolies images et une très bonne note en supplément.
— Oh oui ! Bien sûr qu'on est d'accord ! lui répondit-on enjoués.
— Alors, venez me voir à la récréation pour qu'on puisse en discuter ensemble.
Le début de matinée passa très vite avec notre cour de français.
L'heure arriva pour les élèves d'aller se défouler dans la cour pour 15 minutes.
Mais nous, nous restions en classe, pour savoir ce que notre maîtresse allait nous proposer.
Elle nous appela vers son bureau en nous adressant un joli sourire.
— Approchez-vous près de moi Anne et Jo. Alors donc, comme je vous le disais tout à l'heure, je vais vous demander de me constituer un exposé écrit au sujet des oiseaux qui te passionne Anne. Je m'engage à vous trouver de beaux livres ainsi que de belles photographies pour vous aider dans ce travail.

On fut enchanté et exalté par ce beau projet très intéressant. Le lendemain en arrivant dans notre classe, sur notre bureau étaient déposées des revues illustrées de splendides oiseaux ainsi qu'une très belle encyclopédie sur le sujet.

Cette fois-ci, la journée de classe nous parut plus longue qu'à l'ordinaire, nous étions impatients de pouvoir ouvrir ce beau manuel relié pour composer notre futur devoir.

En remontant le long de la vallée après l'école, nous avons discuté à gorge déployée de notre nouveau sujet d'étude. Nous étions pressés d'ouvrir ce bel ouvrage que nous avait confié maîtresse Odile et qui répondrais à toutes ses nouvelles questions qui nous taraudaient l'esprit.

Jo m'accompagna jusqu'a chez moi où nous primes un bon goûter à emporter direction le bord de la rivière. Le soleil du printemps nous faisait profiter de ses doux rayons, c'était si agréable. En arrivant aux bords de l'eau, j'ôtai mon gilet pour le poser sur l'herbe en y déposant nos livres.

— Alors Jo ! Lequel on regarde en premier ? Celui-là ? Je lui demande en l'ouvrant.

On prit le temps nécessaire pour l'observer. Comprendre avec les explications du livre comment mes hirondelles pouvaient parcourir des milliers de kilomètres pour retrouver le lieu où elle nichait l'année précédente lorsqu'elles reviennent d'Afrique.

Quelques semaines plus tard. On a rendu un exposé écrit à notre maîtresse, qui nous accorda toutes ses félicitations. Comme promit, ont reçu une excellente note, un 20 sur 20 en composition française plus 4 images pour chacun de nous avec la réplique des oiseaux migrateurs. J'ai ainsi pu assouvir ma curiosité et répondre à la question de Jo. Le métier d'observateur d'oiseau est un Ornithologue. Un bien drôle de nom qui nous procura un fou rire à chaque tentative de prononciation. Grâce à cette belle idée de notre part, une relation de confiance s'établit entre nous et notre enseignante. Nos journées d'école en sont devenues plus riches de savoir et d'attention à notre égard.

Mes parents avaient eux aussi une passion tout comme moi. **Le cinéma**. Ils s'accordaient de temps à autre pour une sortie en amoureux. Quelques mois plus tard, en novembre le film « la belle de Cadix » avec Luis Mariano et Carmen Sevilla, fut projeté sur grand écran. C'était donc l'occasion rêver d'assouvir leur cinéphilie. Notre voisine Julie fut à nouveau sollicitée pour nous garder. Comme ses habitudes étaient restées inchangées, la surveillance de mon frère et ma sœur fut sous ma responsabilité. Sauf, que Henry avait grandi et se réveillait encore régulièrement malgré ses 3 ans. Je devais répondre à ses hurlements rapidement sinon, Alice se joindrait à cet éveil nocturne. Alors je m'exécutais pour répondre à son souhait : lui remonter son « redoudou » dans son lit, un édredon en langage adulte.

Cette année scolaire de 1954 se soldait par la fin de mes années primaire. En décembre, j'aurais 12 ans et de nouvelles aventures m'attendaient. Mes années collègues, s'ouvraient tout doucement devant moi. Je devrais faire face à de nouvelles réactions naissantes, dues encore et encore à ma timidité même si celle-ci s'éclipsa tout doucement. De nouveaux professeurs m'attendaient dans cette grande école. Son emplacement ne se trouvait pas très loin de ma primaire, juste une route à traverser. Je commençais à appréhender ce fameux jour de la rentrée. Mais pour l'instant, je préférais ne pas y penser. Seule ma joie d'avoir obtenu mon certificat d'études avec les félicitations de tous mes enseignants me rendait pleine de fierté.

Ce fut un bel été, pour moi et mes amis, l'occasion de patauger dans la rivière pour attraper quelques truites fut notre jeu préféré tout comme la baignade. Grâce à de nombreux orages qui éclataient régulièrement, ses cours d'eau étaient bien remplis. Nos parents furent bien inquiets à notre sujet. Mon père surtout nous réprimandait souvent. Nous n'avions pas le droit d'aller au trou d'eau, cet endroit niché au cœur de la forêt nous offrait pourtant un beau torrent où il était risqué d'y nager.
La récolte du foin fut compromise cette année. Les pluies avaient couché l'herbe, il était donc difficile d'effectuer la coupe convenablement.

∞∞∞

Ma nouvelle vie due à ma rentrée aux collèges Saint-Joseph me déconcerta. J'étais la nouvelle, déboussolée par autant de nouveaux visages, je restais la planté dans cette grande cour, immobile en cherchant du regard une amie, un visage familier, quand je reconnus Anna, quel soulagement, je n'étais plus seule. C'était une jeune fille de la vallée, mais qui ne faisait pas partie de notre petite bande. Je pensais à Jo, lui aussi devait se sentir perdu de l'autre côté du mur dans l'école des garçons. Je me suis très vite lié d'amitié avec Anna. Elle était très douce de tempérament, avec un beau regard noisette qui reflétait sa personnalité. Elle était de grande en taille tout comme moi, on dépassait d'une tête certaines filles de la classe. Nous allions devenir inséparable, les meilleures amies du monde, même des années plus tard.

Cette année de sixième fut marquée aussi par des événements différents de mon école primaire. Déjà, nous avions plusieurs professeurs, un pour chaque matière et toute cette nouvelle organisation me confronta à une nouvelle charge de travail.

Nous fûmes bientôt une vingtaine repartie dans les 4 classes de sixième. On nous distribua notre emploi du temps avec nos horaires à respecter à la lettre. Au bout de trois retards, une sanction nous serait distribuée, je devais donc penser à préparer Alice plus tôt le matin, pour respecter toutes ses nouvelles contraintes.

Mes deux matières préfères apparurent très vite pour moi, le cours de dessin était la première. J'aimais beaucoup mon professeur, il avait une petite barbiche, des lunettes rondes, il était relativement grand et maigre ce qui lui donnait une allure un peu gauche, avec des gestes pas très coordonnés. Il était d'une grande maladresse. Souvent il faisait tomber à terre, les crayons de couleur, la peinture et surtout le pire les bocaux d'eau dédiés à rincés les pinceaux, ce qui nous occasionnait de beaux fous rires... Mais nous les filles on est assez sage. Je ne pouvais qu'imaginer les difficultés qu'il allait rencontrer avec la classe des garçons.

Et la deuxième, c'était mon cours de gym. J'étais très forte dans cette discipline, ce qui m'attira les compliments de mon enseignante à l'allure très masculine. Elle était grande et musclée aux cheveux brun coupé court. Elle me citait souvent en exemple pour montrer mes prouesses sur la poutre et les barres parallèles.

Cette période de mon existence me révéla, je suis devenue à l'aise avec mon corps grâce à la gym que j'adorais exercer. Ma passion pour le dessin me laissait songer à ce métier plus tard. Devenir un professeur de cette matière ne me déplaisait pas bien le contraire.

∞∞∞

Ce fut donc sans inquiétude, mais au contraire avec un véritable bonheur que je quittais la maison, un matin d'octobre, pour ma rentrée en cinquième. Anna et moi nous ne nous étions pas revus depuis le premier jour des grandes vacances et j'avais hâte de la retrouver. Elle devait régulièrement s'occuper de sa tante qui résidait dans la Haute-Loire. C'était la sœur de sa maman et je sais par les dires de mon amie qu'un grave accident de vélo lui avait faire perdre l'usage de ses deux jambes. Donc, sa maman et elle devaient se relier auprès d'autres membres de sa famille pour s'en occuper et cette année c'était leur tour. Elle me manquait beaucoup, on s'est écrit plusieurs lettres pour tenir le manque un peu à distance. Heureusement Joe était là, mais je trouvais son regard changé. Il ne me regardait plus de la même façon. Une sorte de lueur étrange brillait dans son regard quand il le posait sur moi. Mais je ne savais pas définir ce message qu'il souhaitait peut-être me transmettre ? Ma mère me disait souvent d'un ton... « Anne ! Les garçons en vieillissant deviennent des prédateurs, tu dois t'en méfier telle une souris doit le faire à propos d'un chat... » Ses mots s'avérèrent réels, quelques mois plus tard j'allais comprendre pourquoi.

Mais pour l'instant, mon retour dans ma vie scolaire me remplissait de joie. Déjà mes retrouvailles avec Anna, plus mes autres camarades, avec qui j'étais tout de même complice. Surtout quand nos matières préférées nous rapprochaient. Vivement ses heures de dessins que j'affectionne et mes pirouettes sur les poutres de la salle de gym de notre collège. J'espère que je serais toujours aussi habile. Cet été, paraît-il, j'ai poussé d'au moins 5 centimètres, me disait mon oncle frisé. Je ressemblais de plus en plus à ma mère « la Guitte » comme il l'appelait. D'ailleurs apparemment j'avais les mêmes jambes qu'elle ! Ce qui était un compliment à mon égard, maman était si belle…

Les jours se succédèrent, ainsi que les mois, notre belle amitié avec Anna était toujours bien présente, même si un intrus prénommé Simon était venu un peu gâcher notre belle relation. C'était un garçon affectueux et prévenant avec elle. Tous les soirs après les cours, il venait l'attendre à vélo à la sortie. Elle montait sur son porte-bagages en amazone, j'aimais bien les voir ainsi, ils paraissaient très heureux ensemble malgré notre jeune âge. Mon amie était relativement livrée à elle-même puisque sa maman s'absentait souvent pour s'occuper de sa sœur handicapée. Le père d'Anna, lui était un architecte réputé de la région il avait donc beaucoup de travail. C'était une gouvernante qui était censée veiller sur d'elle, mais celle-ci était beaucoup trop naïve et buvais très facilement les mensonges d'Anna. Elle lui expliquait qu'elle devait rester à l'étude pour étudier. Ce qui était loin d'être le cas, elle préférait s'en aller flirter avec son copain. Mon amie vivait dans cette très grande bâtisse bourgeoise du bas de notre vallée. Elle était entourée d'un grand mur en grosses pierres qui laissait juste apparaître la pointe des arbres du domaine. De très grands sapins en ornaient le bord. Ses parents étaient pourvus de domestiques qui s'occupaient de l'entretien de cette grande demeure. Sa famille était aisée, mais très occupée, ce qui laissait un grand champ d'action pour Anna, un peu trop tout de même. Car au cours de cette année, un scandale explosa à l'école, quand les professeurs s'aperçurent que le ventre d'Anna grossissait. Elle était déjà enceinte de 7 mois et jusqu'à présent elle avait très bien réussi à le dissimuler. À tout juste 14 ans, les réactions fusèrent et je fus convoquée par la directrice du collège. On m'incrimina à tort, comme si moi je savais tout de la vie de mon amie. Il était vrai que j'étais au courant de certains de ses mensonges et en amie fidèle je ne les dévoilai pas. Mais le reste de sa vie privée elle m'en avait préservé enfin du moins l'avait-elle pensé. Je me suis sentie trahie, humiliée par ces adultes qui m'accusaient à tort. Les paroles de ma mère me revenaient sans cesse en tête « Anne ! Tu dois te méfier des garçons ». Heureusement, mes parents crurent à ma version et me défendirent auprès de mon établissement. Cette histoire difficile à vivre pour nous tous se termina bien. Puisque les parents d'Anna prirent soin du nourrisson qu'elle mit au monde au mois de juillet, le 14 exactement. La naissance de cet enfant fit autant de bruit que l'explosion des feux d'artifice et aussi bref. Quelques mois plus tard, tout le monde avait oublié cet épisode de vie, sauf moi. Il restera à jamais gravé dans mon esprit. Anna et Simon se marièrent quelques années plus tard, accompagnées de leur enfant, du joli nom d'André.

Âgée de bientôt 14 ans, l'adolescence piqua mon cœur comme une flèche bien aiguisée lorsque mes premiers émois apparurent. Ma timidité légendaire me gardait à distance du sexe opposé. Mais Jo, lui mon éternel copain, essaya lors d'une de nos escapades de me voler un baiser. Cette situation me pétrifia, me désarçonna. Non ! Pas lui, il était comme un frère pour moi, mais visiblement lui ne me percevait pas comme un membre de sa famille. J'ai dû lui expliquer mon ressenti, ce qui me valut un refus net de me parler pendant plusieurs semaines. Cette situation me peina, je perdais mon ami, mon confident à cause de nos âges qui avançait dans le temps. Il était très difficile de continuer à faire la route ensemble sans un mot sortant de sa bouche. C'était pourtant une obligation depuis toujours de la part de nos parents. Nous ne devions pas être seul cela pouvait s'avérer dangereux.

En attendant Jo un soir, pour remonter la vallée en sa compagnie, je le surpris avec une jeune fille main dans la main, tout souriant. Quand il m'aperçut, il lui saisit le menton pour lui prendre un baiser. Sûrement pour attiser ma jalousie. Ce geste qui me fit l'effet d'un coup de poignard en plein cœur ne présageait rien de bon. Une page se tournait, une autre s'ouvrait. Mon copain de mes tendres années devenait un homme et moi une demoiselle. Quelque temps après, une nouvelle

situation intrigante se manifesta dans mon ventre qui devait s'échapper de moi entre mes jambes... Encore une autre page du livre de mon existence qui se tournait : celle de l'innocence et une autre s'écrivait : celle du monde des adultes. Je reçus les félicitations de toute la famille, une intrusion dans ma vie privée que les grandes personnes ne semblaient pas percevoir. Presque, ils ont ouvert le champagne ce jour-là... Ah cette tradition familiale qui doit toujours fêter un nouvel événement !
— Anne est enfin devenue une « demoiselle » se délectait de dire ma mère a mon plus grand regret, si j'avais pu je me serais caché dans un trou de souris tellement j'avais honte.

∞∞∞

L'été de ma nouvelle vie en tant que demoiselle, m'exila à la campagne chez ma cousine jeannette et tante Léonie dans l'Isère, au village de Sonnet. Toute la famille embarqua à l'intérieur de notre voiture pour une belle saison à la rencontre d'une exploitation de vaches normandes et d'une plantation de tabac, à une centaine de kilomètres de notre domicile. C'est mon tonton frisé qui viendra prendre soin de mes chèvres m'a-t-il dit, « ne t'inquiète surtout pas ma cocotte. Elles seront bien nourries et nous donnerons du bon lait pour fabriquer les petits fromages dont tu raffoles ! »

Je ne connaissais pas ce côté de la famille. Mais, comme la grande tante était la sœur de ma mémé Sophie, elle devait être très gentille. Quelle désillusion je ne ressentis pas, quand après ce long voyage, je fis sa rencontre. Elle était osseuse, grande et maigre. De nature très froide, un sourire sur son visage ne devait pas être très courant. Elle possédait un grand hôtel-restaurant, pas très loin de cousine jeannette. Elle, elle était en revanche très agréable. Une petite brunette au regard espiègle, de nature gentille et de bonne compagnie. Elle riait tout le temps, je me demandais bien comment elle pouvait être mère et fille. Je le compris un peu plus tard, une fois qu'elle me l'expliqua…

Mes parents finalement me firent la surprise de ne pas rester, ils avaient tous prévu de partir ensemble visiter les abords de la grande ville la plus proche « Viennes ». Cette situation me laissait perplexe. Pourquoi me laisser ici avec des gens que je ne connais pas ? Et eux, s'en aller se divertir en visitant des vestiges de la Rome antique d'après les dires de mon père.

Ils restèrent deux jours avec nous, juste le temps que je me familiarise un peu avec ma cousine chez qui j'allais séjourner. Elle était mariée avec Gaston, ce grand monsieur a l'allure princière, aux cheveux et à la moustache blonde. Il s'habillait toujours avec une belle chemise blanche et un pantalon bouffant de couleur marron clair. Il était en premier lieu avant d'être un agriculteur un marchand de tabac qui recevait à son domicile plusieurs commerciaux pour la revente de sa production. Même certains membres du gouvernement sont venus à l'exploitation de temps à autre. Un petit garçon du prénom de George aux belles boucles blondes comme son papa venait s'ajouter à cette union.

Ma mère, avant de repartir pour la suite de leurs vacances en m'abandonnant lâchement à ce monde que je ne connaissais pas, se sentit en plus obligée de me faire un sermon au sujet des garçons et de leur manière de procéder. Elle prit le temps de m'expliquer comment et surtout « ne pas être enceinte » en se servant de l'exemple de mon amie Anna, tout en mentionnant le sien. Celui de la jeune fille un peu trop jeune qui tomba sous l'emprise d'un jeune homme et qui dut conserver contre son gré cet enfant conçu accidentellement. Ce simulacre me fit l'effet d'une gifle. Ce bébé après tout c'était moi qui arrivais dans un monde où visiblement je n'étais pas désirée…

Cousine Jeannette se révéla comme je l'avais pensé, pourvu d'un sens de l'humour et d'une légèreté d'esprit remarquable. Elle souhaitait que je m'amuse et que cet été fût le plus beau qui soit. Elle s'en donna tous les moyens, déjeunés sur l'herbe, poursuite des vaches dans les prés accompagnés de beaux éclats de rire et visite de leur belle production de tabac. Ses grandes feuilles, qui au début, je pris pour des choux géants. Une

belle amitié naissait et s'installa entre nous deux. Elle me confia son adoption, sa mère était en fait sa tante. Son vrai père était son oncle. Comme il était veuf, il n'arrivait pas assumer tous ses enfants. Alors d'un commun accord avec sa sœur, il lui donna la charge de sa dernière fille, ce qui fut une aubaine pour tante Léonie qui ne pouvait pas concevoir d'enfant. Après ces explications, je pus répondre à ma question du départ. Aucune ressemblance n'était percevable entre elles, due à ce lien différent d'une mère à sa fille.
Ma cousine me fit aussi découvrir un autre univers, celui des bals. Où elle allait accompagner de son mari. Ils se déroulaient à l'amicale du village donc nous partions à pied de la maison. George était gardé par tante Léonie qui finalement sous son aspect autoritaire et son franc parlé se cachait une personnalité particulière, mais aimante. Ce petit garçon était à son comble en sa compagnie. Son buffet renfermait des tablettes de chocolat à la crème de différente saveur. Un vrai délice ! Elle l'autorisait à en manger 1, 2 ou 3 carrés et après celles-ci étaient rangées et bouclées à double tour sur l'étagère du placard. La clé était ensuite glissée dans la poche de son tablier où le petit bonhomme venait la récupérer quand sa tante s'assoupissait dans son fauteuil.

Ses sorties du samedi soir étaient un rituel pour jeannette et Gaston. Je participais volontiers à ses soirées où je fis la connaissance de plusieurs adolescents et adolescentes qui formaient un petit groupe. Je fus vite accepté, ils me firent découvrir le « coca cola », cette boisson sucrée et gazeuse au goût étrange qui venait d'Amérique.

Deux mois s'étaient presque écoulés depuis le départ de mes parents. Bientôt, ils reviendraient me chercher et cette idée ne me réjouissait guère. J'étais bien ici ! Entouré de mes cousins et de ma tante. La liberté d'agir à ma convenance sans ma sœur ou mon frère à surveiller était un pur bonheur. Je pouvais retrouver tous les après-midi, sur la place de Sonnet, mes nouveaux amis. On discutait à bâton rompu de musique, de dance, de cyclomoteur… Certains fumaient un peu aussi, moi rien que l'odeur m'indisposait ce qui ne me tenait à distance de toutes cigarettes.

Mes parents arrivèrent un mercredi, milieu de la semaine, ce jour choisi méthodiquement par mon père. Ainsi il pourrait encore profiter de sa famille du côté maternel tout en ayant le temps de relater son parcours de vacances.

Le lendemain en compagnie de mes nouveaux amis, assise sur le bord de la fontaine, j'eus la joie de voir à l'arrêt de car non loin de moi, mon oncle frisé fraîchement débarqué. Il avait avec lui sa valise en cuir marron, exactement celle avec laquelle il était venu de Yougoslavie. Tous deux étaient inséparables, disait ma tante Simone.
En arrivant ensemble à l'hôtel-restaurant de tante Léonie, ma mère parut contrariée de cette visite surprise. Surtout qu'il était venu sans être accompagné de sa femme. Je serais mon oncle par le bras

comme si j'avais peur qu'il se volatilise. J'aimais sa présence, celle-ci me réconfortait, son aspect protecteur était bien réel chez lui, en particulier avec maman et moi.
— Tonton tu es venu seul ? Ou est tatan ? Lui demandé-je
— Elle est restée à « valcherie » ma cocotte. Sinon, qui se serait occupé de tes chèvres ?
— Ah, oui c'est vrai ! J'avais presque oublié qu'elles existaient, je m'amuse tellement ici.
Ma mère non loin de nous, en profita pour intervenir.
— Oui ! Alors profite bien de la fin de ton séjour Anne ! me fit-elle remarqué agacée.
— j'en ai bien l'intention ! lui dis-je sur un ton provocateur.
— Allons, allons, mesdames ! Vous me paraissez contrariées toutes deux, mais pour quelle raison… nous fîmes remarquer tonton.
— j'en rien fais-moi. C'est maman qui semble irritée sans raison apparente et je ne comprends pas moi non plus !
Mon père qui observait toute la scène en toute discrétion prit la parole
— Enfin Margot, laisse cette petite tranquille, sinon tante Léonie va aussi l'adopter ! nous dit-il.
— Mais quelle idée répondit tonton frisé ! Il hors de question que je laisse ma cocotte aussi loin de moi.
À cet instant, il posa sa valise, visiblement un peu lourde à porter à côté du porte-manteau de l'en-

trée.

Cette fameuse valise que ma propre fille découvrira bien des années plus tard au fond d'un grenier, un véritable trésor pour elle.

— Tonton ne t'inquiète pas. Je ne pourrais pas rester ici, j'ai bien trop besoin de toi...

Mon père me dévisagea comme si j'avais dit une énormité. Après tout il n'est qu'un étranger venu de loin, pour fuir son pays ! me dit-il tout bas en s'approchant de moi.

Ces mots que mon père venait de souffler ne présageaient rien de bon, une pointe de jalousie se faisait ressentir, mais pourquoi donc ? Ma tante m'extirpa de ma réflexion en disant.

— Enfin ! répliqua tante Léonie. Maintenant que votre oncle est ici, je vais le recevoir comme il se doit pour vos derniers jours de vacances.

Elle se retourna ver mon oncle en lui déclarant :

— Je suis enchantée de vous rencontrer, Monsieur, j'ai bien reçu un carton d'invitation de la part de ma nièce Simone pour votre mariage. Je suis désolée pour mon absence, mais vous savez quand on possède un hôtel restaurant, il est difficile de s'absenter.

— Je comprends aisément, lui déclara-t-il. Je suis également enchanté de faire votre connaissance Madame. En la saluant de son chapeau en feutrine.

À ce moment-là, je vis dans le comportement de ma mère et dans son regard une sorte d'agacement. Sûrement dû à ces beaux discours entre eux.

Une fois, les présentations faites et que tout le

monde est pris possession de sa chambre, offerte gracieusement par Léonie, je pus enfin rejoindre mes copains pour la fin de l'après-midi.

Le soir, on se retrouva tous autour d'un bon repas, cuisiné par le chef du restaurant. Ma mère ne toucha pas à son assiette, elle joua juste avec le bout de sa fourchette et ses aliments, perdu dans ses pensées...

Quel était ce tourment qui la perturbait ? L'avenir peut-être me répondra. Mais pour l'instant, je préférais ne pas en tenir compte. La fin de l'été approchait et mon vœu le plus cher était de retourner au bal avec cousine Jeannette.

Mon destin me confronta très vite à mes angoisses naissantes. Un soir je surpris une étreinte entre mon oncle et ma mère, qui selon moi en disait long sur leur relation. Non seulement elle était dans ses bras et son visage noyé par les larmes.

Mais de surcroît, il lui releva la tête de son épaule avec le plat de sa main et là, il posa à ce moment un regard plein d'affection sur elle, tout en lui disant ces mots. « Ma GUITTE », je t'aime tant ne pleure plus, je suis là, cette phrase continuera de résonner dans mes oreilles très longtemps. Jusqu'au jour où enfin j'oserais leur poser cette fameuse question.

« Qu'est-ce vous me cachez donc tous les deux ? »

Mais pour l'instant, je me trouvais immobile et figé comme une statue de marbre derrière la porte du cellier, qui était restée légèrement entrouverte, sans qu'il puisse sortir un seul son de ma

bouche.
L'effet de la surprise passé, je suis repartie sur la pointe des pieds pour rejoindre ma chambre au premier étage. Arrivée auprès de mon lit, des larmes à mon tour inondaient mes joues, mon cerveau me martelait d'une seule et même pensée.
— Est-ce que ton oncle est en définitive ton père ?
Cette nuit-là, mon sommeil fut très agité. Je fis des rêves très déconcertants. Ce doute qui commençait à m'envahir me réveilla plusieurs fois. Le commencement d'une longue série de nuits beaucoup moins paisible qu'auparavant.

Le lendemain, les valises bouclées, on repartit de Sonnet tous ensemble. Ma cousine Jeannette était si triste, on se jura de se revoir très vite… Mais moi, mon esprit était torturé, je pris place dans notre voiture tel un fantôme dénué de toute émotion. Mon oncle frise prit le car. Notre véhicule ne pouvait pas recevoir autant de monde à l'intérieur.

∞∞∞

Chapitre 8

1958 : Anne

Cette année en décembre j'aurais 16 ans et cet âge sera celui des gros changements de ma vie ainsi que ce bien étrange climat de suspicion.

Dans un premier temps, au mois d'octobre, je vais intégrer un autre lycée celui de l'apprentissage de mon futur métier où je vais réussir avec les honneurs mon CAP d'art ménager. Celui-ci comportait de l'enseignement général. En pratique du repassage et de la teinturerie. J'avais espéré que nos classes seraient plus divisées en deux, que ce côté fille et garçon disparaîtrait. Mais ce n'était toujours pas le cas, quand évolueront donc les mentalités. J'aurais bien besoin de certains changements, après tout maintenant j'étais une jeune fille et la compagnie des garçons ne me déplaisait plus comme avant. Ce qui me paraissait normal, la vie est ainsi faite. Un jour, je rencontrerais l'homme de ma vie, l'amour avec un grand

A avec qui j'aurais de beaux enfants... mais pour l'instant les deux seuls que je connaissais bien était Jo et mon Marc qui me complimentaient toujours sur mes cheveux longs qui tombaient au niveau de la chute de mes reins. Ces cheveux que je coiffais en queue de cheval lors de mon cours de gym au stade de la « Pourrates ». Complexe sportif où l'on pratiquait de l'athlétisme, discipline où j'étais très forte. C'était le seul moment où les filles et garçons étaient ensemble. Donc comme cet âge nous rassemblait beaucoup plus que quelques années auparavant, on profitait de ce cours pour échanger quelques regards et sourires complices. J'aimais beaucoup Marc et il restera mon amoureux jusqu'à ma rencontre 3 ans plus tard avec mon futur mari...
Jo ne l'entendait toujours pas de cette manière, mais tant pis. Comme à son habitude, il était capable de passer plusieurs jours sans me parler et puis il revenait. On était tout de même des amis depuis notre tendre enfance.

L'hiver s'enchaîna avec le printemps et comme toujours à cette saison, j'aimais admirer ses jolies hirondelles qui revenaient de si loin. J'espère qu'un jour je pourrais fouler ces terres exotiques qui se trouvent à des milliers de kilomètres. Là où le soleil brille généreusement toute l'année. Je possède déjà le goût de l'aventure, ma passion depuis toujours est d'ouvrir mes livres de géographie qui me permettent de me situer sur cette si belle planète qu'est la nôtre. Cette curiosité, je la tiens de mon oncle le « frisé », lui venue de ce pays au langage et à la culture différente. Mais, ce n'est pas moi qui partirai, mais ma fille adorée. Dans le futur, elle me quittera quelques années en emmenant avec elle un bout de mon cœur pour ces contrées lointaines, celles qui me permettent de rêver encore et encore…

De nos jours :

Lundi 8 juin à 15 h

Corine et Anne

Le lundi 8 juin à 15 h, j'ai pu revoir maman pour la deuxième fois en 3 mois. Toujours derrière ce plexiglace qui nous coupe de tout contact physique, mais la disposition des tables a changé. Une en moins, donc nous sommes assez proches l'une de l'autre… le port du masque n'étant plus obligatoire, il est ainsi plus facile de converser.

Elle est resplendissante, je lui trouve une mine radieuse comme si son esprit et son corps étaient de nouveau en relation. Son discours est clair et posé. Le travail de concentration et d'écriture de notre livre lui a permis de reprendre contact avec la réalité et le temps présent qui passe.

Juste une demi-heure nous est encore accordée, alors je laisse imaginer ma frustration quand son aide-soignante est venue nous dire que son temps était écoulé.

Cet instant fut difficile, des larmes ont coulé sur mes

joues en partant. J'étais impuissante devant cet emprisonnement temporaire, mais hélas pas de dates encore définies était posé par le gouvernement pour lever ce confinement. Le virus circule pratiquement plus, alors j'espère que cette épreuve touche bientôt à sa fin de tout mon cœur.

Arrivée chez moi, j'ai eu besoin de mettre mon esprit en pause pour oublier ce mauvais sentiment qui peut vous ronger ! J'ai enfilé mes baskets pour courir quelques kilomètres, mis mes écouteurs pour l'appeler et l'entendre à nouveau. Elle participa activement à cette sortie où se mélangea son rire à mon essoufflement.

Quelle expérience ce confinement qui perdure n'est pas pour nous deux. Ce temps que l'on puisse prendre ensemble, à cause ou grâce à ce virus est bénéfique sur bien des points. Ce fameux lien créé pour continuer de vivre ensemble nous a plus que rapprochés. Il a le pouvoir de faire tomber des barrières, très présentes et enfouies au plus profond de nos êtres, cicatrisées des blessures encore bien ouvertes dans nos esprits et aussi révéler des secrets bien gardés. Demain, nous recommencerons notre délicieux rituel. Nous continuerons d'avancer sur une route qui nous est propre, parsemée d'émotion, de souvenir et de rires, tel des fleurs que nous cueillerons au passage pour les transformer en mots, qui s'enchaîneront en phrases pour composer notre livre.

Jusqu'au moment où l'on pourra à nouveau vivre ensemble. Sans interdiction qui soient, ce jour où on pourra se serrer à nouveau dans nos bras.

∞∞∞

Mais pour l'instant, revenons à mon époque en 1958.

Après l'arrivée de mes oiseaux préférés. L'été et ses champs de blé m'annonçait mes futures grandes vacances qui j'espérais serais aussi exaltantes et distrayantes que celle de Sonnet chez cousine Jeannette et tante Léonie. Cette fois-ci ma tante Simone fut présente. C'était au tour de mes parents de s'occuper des chèvres à « valcherie ».

L'année précédente, elle n'avait pas pu rendre visite à sa tante donc pour l'heure elle était bien décidée de profiter de son « frisé » et revoir par la même occasion toute sa famille du côté maternelle.

Cette fois-ci je partais à la rencontre de tante Ernestine, l'autre sœur de mémé Sophie, et par chance elle habitait à la mer à Aix-en-Provence. À moins d'une heure de son domicile, on pouvait atteindre de très belles plages. C'était par définition le paradis sur terre.
J'en ressentis une immense joie, c'était la première fois que j'allai voir la belle bleue. Ce beau nom que lui donnaient les gens de la campagne. Le chemin fut beaucoup plus long que pour Sonnet, c'était tout de même un peu fatigant. Quoique, on était bien installé dans le train qui nous y avait conduits. Mon oncle et ma tante ne possédaient pas de voiture, donc ils se déplaçaient en car ou dans ces jolis wagons tirés par une locomotive des temps modernes.
Ce cher oncle sur qui je posais un regard différent à ce moment même assis en face d'eux deux. Quand il se trouvait avec sa femme, je ne pouvais empêcher que mon cerveau fabule et m'angoisse de nouveau. Cette relation que je soupçonnais avec ma mère me déstabilisait ; mais bon je devais me concentrer sur mes nouvelles vacances et appréciait cette chance qui s'offrait à moi.

Tante Ernestine se révéla d'une extrême amabilité comme ma petite mémé Sophie. Celle-ci lui ressemblait beaucoup à la différence de Léonie. Mais d'où tenait cette tante son côté austère ? Peut-être de sa mère ? Ou de son père ? Je ne

serais répondre à cette question… Toujours est-il qu'elles étaient très différentes l'une de l'autre.
Je fis également la connaissance de mes autres cousines du même âge que moi, une aubaine, grâce à elles je fus très vite intégrée dans leur bande de copains. Il est vrai que mon physique m'avantageait même si à cette époque je ne le remarquais pas tout à fait encore. J'étais devenue une très belle jeune fille du haut de mes 15 ans et demi. J'en paraissais bien 17, je possédais de très belles formes généreuses. Comme le maillot de bain, deux pièces faisaient son apparition, je m'autorisai à l'adopter pour nos sorties plages. Tout comme ma tante Simone qui le portait aussi à ravir. Nous espérions toutes les deux que le soleil pourrait nous donner un joli hale. Ce qu'y fut loin d'être le cas, car avec ma peau de rousse et ma tante sa peau de blonde, à la fin de cette journée, on ressemblait plutôt à une jolie écrevisse. Ce petit détail avait eu le don de faire enrager mon oncle. Était-ce à cause du maillot qui laissait entrevoir un bout de peau ? Ou de nos brûlures occasionnées par le soleil ? On n'aurait pas su le dire n'y l'une n'y l'autre, mais toujours est-il vrai que l'on avait fait un très grand pas en avant dans l'art et la manière de se vêtir à la mer. La culotte arrivait tout de même encore jusqu'au nombril à cette époque.

Tante Ernestine était la gentillesse même, quelle personnalité adorable, toujours d'humeur égale avec un beau sourire qui éclairait son visage

comme le soleil de sa région.
Tous les jours, elle me gâtait de sucrerie, de gâteaux faits maisons si bien que je suis repartie lester de quelques kilos supplémentaires sur mes hanches. À cette allure je n'allais plus rentrer dans les belles robes qu'elle m'avait si gentiment offertes à mon arrivée pour me souhaiter la bienvenue. Heureusement à mon retour à la maison, mes sorties journaliers pour garder mes chèvres me permettront de faire fondre ses petits bourrelets disgracieux. Ma sœur Alice elle aura la surprise à mon retour de recevoir une belle poupée avec la poussette assortie pour la promener. Grâce à ce magnifique présent, j'espère que j'aurais plus de liberté au quotidien. Ma sœur normalement devrait se trouver bien occupée avec sa nouvelle amie à chouchouter.

Nous finîmes nos vacances en famille. Le dernier jour, on prit un déjeuner sur l'herbe comme j'aime tant. Oui... Enfin plutôt sur le sable, ce qui se révéla beaucoup moins agréable. Surtout quand le vent souffle. Je crois bien que je jour-là, j'ai dû manger une poignée de sable en même temps que mon bout de pain accompagné de beurre et de jambon.

Notre retour à la maison se passa comme à l'allée avec beaucoup plaisir et toujours en train. Seulement un peu plus chargé qu'à notre arrivée. Tante Ernestine était vraiment très généreuse, donc entre les jouets pour ma sœur et pour moi une autre valise remplie de beau vêtement. Mon

oncle a bien cru que l'on devrait acheter un ticket supplémentaire à cause de tous nos bagages volumineux.
Tous ces bons moments passés avec mes tantes, cousines et mon oncle, m'avais fait oublier pendant ce mois l'humeur massacrante de ma mère ces derniers temps. Ah, si j'avais su, elle n'aurait jamais connu l'existence des jouets de ma sœur et de mes beaux habits. Elle aurait dû être heureuse pour nous et en remercier notre tante, mais l'effet inverse se produisit. Elle ressentit une colère monstre, comme si un démon avait pris possession de son âme. Enfin bon ses derniers temps, maman était drôle comme si elle combattait en permanence ces propres émotions.
Tous nos beaux présents eurent le malheur de tous finir : déchirés pour mes vêtements et la poussette avec la poupée se trouvèrent en mille morceaux. J'en ai pleuré toutes les larmes de mon corps et ma sœur resta inconsolable pendant plusieurs jours. Seulement mon frère lui ne remarqua rien, heureusement Ernestine l'avait oublié dans sa liste de cadeaux. Mon père lui fut le témoin de cette triste scène. Ce qui lui laissa échapper ses paroles cinglantes.
— Ma pauvre Margot, tu vas finir aussi folle que ta mère avec tes crises d'hystérie sans raison apparente ! Je comprends mieux ton père maintenant pourquoi il la rejette de sa propre maison !
Ce discours eut l'effet d'une douche froide sur maman.

Ma mère lui répondit en le foudroyant du regard.
— Ne parles de mes parents ainsi. Tu ne connais rien d'eux et de la vie qu'ils ont menée. Alors, tais-toi ! explosa-t-elle.
Mais quelles douleurs aussi violentes, avec une force qui amena ma mère aux portes de la folie pouvait s'emparer d'elle et surtout pourquoi ? Ce n'était à cause de tante Ernestine ? C'était très profond. De la jalousie peut-être ? Non ! C'était vraiment trop faible comme ressenti. De l'abandon ? Une perte ? Peut-être je touchais du doigt ces nouveaux troubles que ma mère déclenchait, comme l'orage a la foudre... Enfin tout ça me dépassait. Et avec toute la légèreté de l'adolescence, je me dis que j'avais besoin d'un bon « coca cola », dans ces jolies petites bouteilles en verre, mais malheureusement, cette boisson n'était pas présente dans notre cuisine à ma plus grande déception.
Mes réactions vis-à-vis de ma mère devenaient de plus en plus troubles. Je l'aimais tant, mais hélas ! je ne pouvais plus la supporter. Mon père lui, je pense, prenait comme excuse d'avoir beaucoup de travail, donc il était beaucoup moins présent à la maison. Seul mon oncle lui était la quasiment tous les jours, ce qui me laissait encore plus douteuse sur cette relation hors du commun entre eux. J'étais complètement déconcerté, que devais - penser ? Tous les prétextes étaient bons pour qu'il vienne chez nous. Même lui que j'aimais plus que tout commençait à m'irriter profondément. Rien que de les voir tous les deux, attisait ma colère,

mes craintes et bien plus encore…
Ma mère était sujette à de grosses sautes d'humeur comme quand elle était enceinte de mon frère Henry. Mais cette fois-ci, elle n'attendait pas d'enfant. Qu'est-ce qu'elle souhaitait ? Je ne pouvais pas le savoir, mais il était clair qu'elle pleurait très régulièrement comme si elle. Était apeurée, contrariée. Je ne comprenais toujours pas pourquoi. Jusqu'à ce jour où je me suis confronté sans le vouloir à une dispute entre le Frisé et maman.

Cette fois-ci, je remontais tout juste du lycée. Arrivé au pont que je dois passer pour accéder à ma maison, je les vis, au niveau du jardin à côté du poulailler, vers le hangar de mon père. Tous deux se querellaient. Ils faisaient de grands gestes et parlaient en haussant le ton. Surtout ma mère, elle ressemblait à ce moment précis à une lionne à qui l'on a volé ses petits. Je n'entendais pas ce qu'ils se disaient. C'est pour cette raison que je pris le risque de m'approcher, caché derrière un cerisier, j'observais toute la scène.
C'est vrai qu'ils se ressemblaient ces deux-là, les mêmes convictions, leurs croyances étaient différentes de toute celle de la famille. Pour eux dieu n'excitai pas. Alors des « non de dieu » fusait à tous va… Ils étaient bornés, se tenaient tête, après ma mère recommençait à fondre en larme et le même scénario se reproduisait. Il la prenait dans ces bras et la consolait. Toute cette situation allait finir par me rendre folle… Mais surtout elle m'éloignait de plus en plus d'eux. Quelque temps

après cette dispute, n'y tenant plus j'ai eu l'audace de demander à maman si je n'étais pas la fille du frisé et pour seule réponse, j'ai obtenu un regard noir. et une gifle. J'étais bien décidé à ne plus m'y reprendre dorénavant.

Corine et Anne : Maison de retraite le chasseur

22 juin 2020 :

Cette après-midi, j'ai pu voir maman dans sa chambre pour la première fois depuis, depuis bien longtemps… il me semble que moi aussi j'en ai perdu la notion du temps. Alors j'imagine aisément sa perte de repère. Faisons les comptes, le confinement à démarrer le 17 mars 2020 jusqu'au 22 juin. Le masque est de nouveau de rigueur, mais plus de tables entre nous n'y de plexiglass. Il s'est donc écoulé 95 jours. D'interminables heures, minutes et secondes qu'il nous a fallu combler. À nous deux on a relevé le défi. Aujourd'hui pour une heure de visite, on a su reprendre le cours de notre vie où il s'était arrêté comme avant, de manières très simples et sans se plaindre. Nos habitudes ont vite repris le dessus. Notre destin nous a appris à maman et moi à toujours regarder l'avenir avec sérénité. Demain notre rituel reprendra son cours, je l'appellerai à 10 h 30 le matin pour continuer notre livre.

Chapitre 9

1959 : Anne

Cousine Jeannette m'a réclamé par l'envoi d'une lettre. Elle souhait que je retourne à Sonnet pour les prochaines grandes vacances. J'espère que mes parents vont céder. Mais pour l'instant, ils n'ont pas l'air convaincus. En même temps vu, l'ambiance qu'il règne en ce moment à la maison. Personne n'a envie de faire le moindre effort, l'un vis-à-vis de l'autre. Une fois qu'un peu temps se seras écoulé, la vie reprendra peut-être son cours tranquillement ? Que tous les êtres qui me sont chers arrêteront enfin de se déchirer.

Mon anniversaire approchait ainsi que les fêtes de Noël. Les humeurs festives d'autrefois se faisaient de plus en plus rares dans notre famille. Je pensais qu'il fallait vraiment faire un effort, mémé Sophie n'était pas en forme. À son âge il est normal d'être fatiguée, mais tout de même. Notre situation familiale lui pesait. Mémé n'aimait pas les conflits, elle était de personnalité conciliante. Après tout elle aura bientôt 64 ans le 16 décembre, elle méritait d'être en paix et entourer des siens. Je sentais bien que sa fin était proche, ses problèmes de santé étaient semblables à ceux de pépé Marius. Elle s'essoufflait très facilement alors pour ces raisons visibles, ces sorties se faisaient de plus rares et elle me manquait vraiment beaucoup.

Tous ces signes me faisaient envisager le pire. C'est pour cette raison que je mis mes parents en face de la réalité. Pour sûr, ils avaient la leur, en cette période de trouble qu'ils vivaient. D'ailleurs, je n'en connaissais toujours pas les raisons et j'avais beau essayer de les comprendre. Ma seule constatation était que ma famille se déchirait, mon père et ma mère ne se parlaient pratiquement plus. Ma sœur était une vraie peste et henry lui une véritable calamité. Je lui prédisais souvent un très mauvais caractère, et qu'il en serait bien malheureux. Mais pour l'instant, la priorité était mémé Sophie. Donc, comme je pensais être une adulte responsable, je me permis de leur en parler.

En rentrant du lycée, un soir mes deux parents étaient réunis dans la même pièce. Cette situation en était presque surnaturelle.

Je trouvais que l'instant était parfaitement choisi pour leur expliquer mes pensées.

Je pris donc la parole :

— Je pense, et je vous demande votre avis, il serait

bien que ma mémé vienne un peu à la maison. Je trouve qu'elle est très fatiguée maintenant !

— C'est une très bonne idée Anne. Je suis de ton avis, ma mère n'est pas au mieux. Il serait plus sage de la prendre avec nous. Je n'osai pas en parler vu l'humeur de ta maman.

Ma mère ne répondit pas. Elle se contenta de souffler en croisant les bras sur sa poitrine en nous lançant un regard accusateur.

— Demain, après mes cours, je prendrais le bus pour aller à la Ricamarie. J'en profiterais pour la voir et lui dire qu'elle prépare une petite valise pour passer les fêtes avec nous. Tantan, l'aidera sans problème, et après, toi papa tu pourras aller la chercher en voiture s'il te plaît ?

— Oui très bien Anne, tu es une brave demoiselle, tu sais. La petite fille d'antan est bien toujours présente en toi, toujours attentive aux autres.

— Merci papa ! Voilà demain soir, sera avec nous. J'en suis heureuse et rassurée.

Ma grand-mère fut enchantée par cette perspective, un peu de repos dans sa belle vallée verdoyante lui redonna de la joie de vivre. Lors de ma visite, puisque j'étais attentive à son bien-être, elle osa s'épancher sur ce fond d'angoisse persistant qui surgissait à cause des problèmes de couple que rencontrait son fils. Pourquoi la vie nous imposait ces crises existentielles que toute relation amoureuse rencontrera au cours de sa vie ? Mais ces doutes étaient plus grands. Elle pensait que sa belle-fille lui cachait bien des vérités. Que le frisé

aussi gentil soit-il avec elle, n'y était pas étranger. Tel était ses pensées qu'elle avait osé me dévoiler. Elle n'imagina pas que ces révélations eurent sur moi l'effet d'un tremblement de terre dans tout mon corps.
On fêta mon anniversaire, suivi de celui de mémé. On ouvrit une bonne bouteille de champagne comme au coutumier. Le Frisé m'offrit son rituel préféré. Une goutte de ce précieux liquide juste derrière l'oreille. Cette situation me fit sourire, j'étais plus cette enfant qu'il aimait tant, mais une jeune fille maintenant.

Ces instants de bonheurs et chaque seconde écoulés qui suivirent, je les ai savourés comme les raisins d'une grappe, un à un. Mon instinct s'était révélé juste.
Quelques jours après le 16 décembre, mémé est partie rejoindre les anges en pleine nuit. J'entends encore les cris de douleurs de mon père quand il trouvera sa maman endormie pour l'éternité... Même les murs de la maison s'en souviennent encore.
Les pleurs de ma mère sont venus se rajouter à la torture de mon père. Tous ces bruits me réveillèrent. Je ne suis même pas sortie de ma chambre, à cet instant précis, j'ai compris que plus jamais je ne l'embrasserais ma petite mémé et n'ai pas voulu la voir ainsi. Cette image, je ne souhaitais pas la garder dans mon esprit, celle que je désirai conserver c'était son tendre regard qui maintenant s'était éteint à tout jamais.

Ma tante, sa fille Simone, fut plongée dans un tel désarroi que mon oncle se trouva désarçonné devant une si grande souffrance. Juste le temps pourra permettre de réduire un peu sa douleur. Son époux, lui n'y pouvait rien, il devait juste être là présent à ses côtés, aimant et l'entourer de ton son amour disaient mes parents. Ce qu'il fit, tonton Frisé restait malgré mon amertume du moment un homme bon et altruiste par nature.

Est-ce que c'est toute cette souffrance qui poussa mon oncle à trouver le moment opportun pour se confier à moi. Je ne serai le dire, mais toujours est-il qu'il décida d'entreprendre cette démarche. Peut-être qu'il pensait qu'en se rajoutant une douleur supplémentaire il pouvait exorciser la première. Car juste quelques semaines après... le décès de mémé, il bouleversa le cours de ma vie à jamais.

Le 16 janvier exactement de l'année 1959 fut le jour le plus beau, mais aussi le plus intrigant qu'il me fut donné de vivre. Ce jour où la vérité s'ouvra à moi. Cette date sera aussi inscrite dans ma chair puisque des années plus tard ma fille naîtra le même jour.

∞∞∞

De nos jours : Année 2020, mois de juillet

Maison de retraite le chasseur

Corine :

Depuis le 22 juin, je viens te voir régulièrement dans ta chambre comme l'accès aux familles n'est plus interdit. Au cours de ses rencontres, nous parlons de ta santé et de la composition de notre livre que j'exécute quotidiennement. Aussi j'ai souhaité te dire de vive voix, mes principes m'interdisaient de te dire planquée derrière un téléphone que la valise du frisé était en ma possession depuis que j'ai vidé ton appartement pour ton entrée ici. Cela ne t'a pas contrarié le moins du monde puisque tu savais qu'elle était pour moi. Ce qui risque peut-être de te perturber c'est son contenu. Mais maintenant que de tels documents sont entre mes mains j'ai besoin de savoir à quoi ils peuvent bien correspondent. On prendra le tout le temps nécessaire, je ne suis pas pressée, le principal a mes yeux c'est de comprendre.

Anne :

Ma fille, ma petite Corine, la chair de ma chair, ma « cocotte » ce doux surnom que je t'ai transmis en souvenir de mes tendres années. Celui que « le frisé » m'a légué par amour. Toi, à qui je confie des bouts de mon existence depuis le début de cette noire période pour relier le tout dans notre livre. Tu peux venir maintenant directement dans ma chambre pour continuer ensemble ce travail que l'on a entrepris. Tu t'assois à cette petite table où tu installes ton ordinateur pour prendre tes notes. Nous passons une bonne partie de l'après-midi à ressasser des souvenirs. Tu m'as aussi raconté que tu avais retrouvé l'ancienne valise du frisé dans mon grenier (celle qui devait te revenir de droit, comme me la commander « la tante Simone » avant de mourir. Je l'ai conservé comme prévu « c'est la Corine qui doit en hériter ! disait-elle ») quand tu as vidé la maison pour mon entrée ici dans cette résidence. Je suis informée que quand tu l'as ouverte tu as découvert des secrets de familles bien gardés, puisque tu me l'as expliqué. Est-ce que tu vas me mettre devant le fait accompli ? Je m'attends à devoir te donner des explications, mais toutes ces vérités sont si loin dans mon esprit. Ses secrets gardés que je n'ai jamais révélés, tu vas vouloir que je te les dévoile. J'aurais beau essayer de te dire que ma mémoire risque d'être défaillante, tu ne l'entendras pas de cette oreille, après tout c'est toi qui m'as remise sur pieds. Toute cette patience et ce travail que tu as entrepris pour ma sauvegarde je te les dois. Et je te connais que trop bien, depuis ces derniers temps à chacune de tes visites, tu me taraudes de plus en plus de questions. Tu as un sacré caractère, tu es têtue comme une mule, tu n'es pas femme à abandonner sans avoir atteint son but. J'ai compris lors de ta dernière visite que sans doute la prochaine fois, quand tu pousseras la porte de cette chambre tu seras accompagnée des documents qui sont en ta possession. Ceux que cette valise t'a restitués puisque finalement tu es en l'héritière. La volonté du tonton a été respectée, mais pourquoi a-t-il tout voulu te léguer sa valise ? Pour que peut être ce secret continu de perdurer ou alors qu'il soit enfin dévoilé.

Nous sommes le samedi 18 juillet 2020, je suis installée sur mon fauteuil quand mon téléphone sonne. Il est 10 h 30, et lorsque je décroche c'est ta voix que j'entends ma chérie. Mais celle-ci est encore plus douce que d'accoutumé. Tu me souffles presque dans un murmure, si bas que je suis obligé de te faire répéter, que lundi après-midi, tu viendras me voir avec une médaille, style médaille de baptême, que tu as déniché au fond de la valise. Elle était conservée dans une petite enveloppe cachetée, juste là entreposé entre différentes lettres et photos du passé. Un prénom y est gravé, paraît-il, un prénom étranger à notre famille. Mes intuitions ne m'avaient pas trompée, je comprends à cet instant que l'heure de vérité a sonné. J'ai tout le dimanche pour m'y préparer, cette nouvelle semaine sera celle du bouleversement.

Nous sommes le lundi 20 juillet 2020 que de vingt dans cette date, on pourrait y voir un présage, comme disait ma grand-mère Marguerite ou même maman. Après tout nous descendons d'une lignée tzigane et nous les gens du voyage nous croyons à toutes sortes d'interprétations. Peut-être que même les astres sont alignés en cette journée particulière ?

Enfin pour l'instant ma fille va bientôt franchir cette porte d'entrée de son pas décidé. Puis baisser le volet électrique, mettre le ventilateur parce qu'il fait très chaud aujourd'hui, c'est la météo qui là annoncé. Plus de 35 degrés sont attendus. Me demander si je n'ai besoin de rien, si je suis bien installée. Elle est comme ça ma petite « cocotte ». Elle a toujours besoin de se rassurer sur mon bien être. Mais pourtant aujourd'hui, elle va devoir me mettre le pied à l'étrier et me soutirer avec son ton mélodieux et envoûtant toutes ses informations que je détiens afin qu'elle puisse comprendre toutes ses énigmes qui se suivent et ne se ressemblent pas pour autant. Comme les chemins d'un labyrinthe qu'elle a empruntés et où elle s'est perdue. Ma vérité sera sa porte de sortie.

Finalement quand elle a poussé ma porte, je dormais à poings fermés. Elle s'approcha de moi pour me caresser le visage et m'embrasser, mélangeant mon songe du cours de ma sieste à la réalité.

Après un verre d'eau fraîche, « il faut boire qu'elle me dit avec cette chaleur », elle m'aida à m'installer sur mon fauteuil puis elle prit place sur le sien. Son ordinateur posé juste devant elle, pour reprendre là où l'on s'en était arrêté la dernière fois. Oui, mais entretemps elle avait eu quelques jours devant elle pour encore fouiller la valise, qui lui fit découvrir cette médaille emprisonnée dans une petite enveloppe de couleur rose. Après quelques minutes à bavarder de la pluie et du beau temps et si depuis la dernière fois j'allais bien. Elle se leva de sa chaise pour se diriger vers son sac à main posé sur mon lit. Elle en sortit cette fameuse petite enveloppe qu'elle me tendit. Je compris alors que l'heure des comptes arrivait !

Je lui répondis, en essayant de reconnaître avec le toucher la forme de cette petite chose que je tente d'extraire tant bien que mal de sa cachette, en vain.

— Ah là là ! J'aimerais tellement la voir réellement, mais mes yeux m'en empêchent ! Qu'est-ce que tu as bien pu trouver ?

— Un bijou, me répondit-elle, il était égaré dans un coin de la valise enfoui et coincé au milieu de tous ces papiers que contient la valise.

— Et quelle sorte de bijou est-ce ? Dis-moi.

— On dirait une médaille de baptême.

Comme je bataillai à ouvrir cette enveloppe, je lui demande en lui la tendant.

— Corine, tu peux m'aider s'il te plaît ?

Elle s'exécuta, puis me déposa ce petit médaillon au

creux de ma main droite (l'autre me fait défaut depuis mon AVC) pour que je l'examine minutieusement du bout des doigts.
— Tu la reconnais, maman cette médaille ? me demanda-t-elle avec un léger tremblement dans la voix.
À ce moment précis je sens son souffle sur ma joue. Elle est très proche de moi juste penchée au-dessus de mon épaule, et là je regarde mon enfant, derrière mon rideau de brouillards, qui me pose sa question, en me demandant ou je vais bien pouvoir puiser toute la force nécessaire pour lui révéler une vérité vielle de plus de 60 ans. Puis je me pense en for intérieur : mais bien sûr que je le reconnais ce médaillon !
J'essaie de gagner encore un peu de temps en lui posant une autre question tout en répondant à sa première.
— Je sais que dans la famille beaucoup de bijoux étaient présents, la tante les conservait farouchement. Mais ce pendentif il ne me semble pas le connaître. Est-ce que tu peux mieux me le décrire pour me le représenter ?
— Cette médaille est particulière, me dit-elle. Elle est de forme hexagonale, en or bien entendu avec un petit ange sur le dessus et au revers un nom est gravé. Un très beau prénom que je n'ai jamais entendu au paravent. C'est cela qui m'intrigue... De plus elle est accompagnée de lettres écrites dans un dialecte particulier ainsi que des documents officiels tels que deux cartes d'identité et des actes de naissance provenant de Yougoslavie...
— Ah bon ! Je lui répondis surprise. Mais quel dialecte ? Et puis quels documents ? Mais de quoi me

parles-tu donc ?
— On dirait une écriture grecque, je sais que la macédoine est frontalière avec la Grèce. C'est peut-être un dérivé. Et puis, savais-tu que le frisé était né deux fois, il avait deux dates de naissance différentes ! me dit-elle amusée.
— Ah bon ! m'écriai-je, une fois de plus surprise. Tout cela me laissa perplexe, mais de quelles lettres et documents me parlait-elle donc ? Et, mon oncle qui avait eu plusieurs identités, heureusement que je suis bien assise ! Sinon je serais tombé sur les fesses... enfin, c'était peut-être dû à son entrée en France pendant la guerre.
Sinon, la médaille elle je ne l'avais jamais vu, mais je connaissais son existence. Je pensais qu'elle avait disparu en même temps que le meurtre et pillage de ma grand-mère.
— Finalement, j'ai beaucoup de questions moi aussi en suspens. Mais commençons tout simplement par ce que je sais. Je ne pense pas avoir oublié le reste. Je ne suis pas devenue sénile tout de même. Le frisé ne m'avait juste pas tout expliqué !
— Et dis-moi Corine, quel est ce prénom inscrit au dos du médaillon ?
— C'est celui de « Mira », maman.
Et à ce moment-là, l'expression de mon visage a dû changer, puisqu'elle me demanda.
— Est-ce que ce médaillon serait le début de cet écheveau emmêlé ? Seras-tu en mesure de me révéler la véritable histoire enfouie dans cette valise ?
— Un secret reste un secret ! Il ne se révèle pas lui dis-je

d'un air cachottier.

— Oui, mais quand même maman me dit-elle : moi j'ai besoin de savoir, depuis le début du confinement, je ramène le temps à la réalité, nos disparues eux ressuscitent sur le papier et tout cela grâce au pouvoir de cette valise. Raconte-moi donc, libère-toi de ce poids, que je puisse enfin élucider ce mystère. Tu es la seule, je pense, qui peut m'aider. Ne t'inquiète surtout pas je ne suis pas là pour te juger, mais juste comprendre. Tu me connais bien tu sais que je suis de nature compréhensive. Mais je présume que tu as déjà bien compris que je pressens que tu me caches des informations !

En me penchant à l'avant pour rentrer dans la confidence, je prends mon courage à deux mains et j'essaie de commencer expliquer. Mon teint qui blêmit te fait être à la hauteur de toutes mes espérances. Tu te penches à ton tour vers moi, alors en face l'une de l'autre, les yeux dans les yeux avec ton sourire tendre posé sur moi, nous entrons dans la phase finale et cruciale. Notre communion fera ma force. Le courage me prend aux tripes, je sais que grâce à ta gentillesse, je suis à la croisée des chemins et que pour nous le moment tant souhaité vient d'arriver. Sous l'effet libérateur, les mots qui coulent à flots s'enchaînent un a un, en aveux... alors toute la vérité éclata !

— « Ma cocotte » pour remployer ce nom qui je sais te met en confiance. Tu aimais tant quand il t'appelait ainsi... ce mot au pouvoir de t'apaiser, alors je vais m'en servir, pour te délivrer la confession que « notre oncle frisé » m'a révélée il y a plus de 60 ans. En 1959 exactement, et, comme le hasard c'est joint à notre des-

tinée, ce jour-là était un 16 janvier. Comment aurais pu je oublier une telle date. Tu imagines toute cette complexité tournant sur elle-même pour projeter et inscrire ta date de naissance dans la plus grande confidence qu'il m'a été donné de connaître.

Alors, tu attends intriguer. Tu me fais tes gros yeux ronds, comme quand tu étais petite lorsque tu ne comprenais pas tout ce que je te demandais.

— Je vais donc te transmettre à mon tour ce que tonton frisé me révéla le 16 janvier 1959, ce secret gardé depuis bien longtemps qu'il avait enfoui au fond de lui-même par crainte qu'il puisse être démasqué. Cet homme avait beaucoup souffert et il avait dû rentrer clandestinement dans notre pays par les montagnes albanaises.

Au tout début de mes 17 ans, le Frisé me révéla une étrange histoire, qui me plongea dans une autre dimension.

Tout d'abord, je me souviens avoir ressenti un soulagement suivi d'un apaisement. Le tout mélangé à un pur moment d'euphorie, cela devait certainement venir de cet ascenseur émotionnel de ces derniers mois. À cette époque, ma mémé Sophie que j'aimais si tendrement venait de mourir laissant en moi un grand vide affectif et je venais aussi de traverser une bien mauvaise période. J'étais très souvent assailli par des doutes au sujet de ma mère, donc ta grand-mère Margot et Frisé. Tu comprendras mieux le déroulement au fur et à mesure de toute cette révélation. Je vais donc commencer à t'expliquer aujourd'hui, mais je n'aurais pas le temps de tout finir dans la même journée. À moins que tu dormes ici avec moi dans mon petit lit !

Cette phrase a eu le don de te faire rire. Tu as rajouté qu'il serait plus simple que je finisse toute l'histoire au cours du week-end du 2et3 août. Tu as demandé l'autorisation au médecin de ma maison de retraite et il a donné son accord. Je suis enchantée à l'idée de cette perspective et d'un tel déroulement. Tu as vraiment pensé à tous. Moi je pourrais ainsi m'échapper de ce quotidien si pesant par moment et toi tu seras à l'aise chez toi pour m'écouter te confier la suite de toute cette histoire contenue dans la valise.

Donc pour l'instant, il est à peu près 16 h, puisque les aide-soignantes viennent de rentrer dans ma chambre pour servir le goûter. Nous prenons toutes les deux une « eau qui pique », on aime beaucoup cette boisson, et une part de gâteau. Il nous reste encore 1 h 30 de discussion puisqu'en général tu pars d'ici pour rentrer chez toi vers les 17 h 30. Je souhaite reprendre ou j'ai coupé notre dialogue, après cette petite pause que l'on a bien savourée.

— C'est bon ma chérie, on continue un peu avant que tu partes ?

— Oui me répondit-elle. Bien sûr, on a un peu de temps encore, je compte partir vers les 17 h. Sinon il y a trop de circulation sur la route.

Je repris donc le cours de ces aveux… à ce moment-là. Et en un rebond dans le temps, je commence à te conter.

Année 1959 :

ANNE et FRISE :

Mon oncle pour se situer se trouvait précisément dans l'encadrement de la porte de la cuisine ce jour-là. Nous étions seuls, justes tous les deux, le reste de la famille s'était absentée. Comme mes parents avaient décidé de vendre la maison de Valcherie à la suite de la mort de ma grand-mère, un rendez-vous chez le notaire était fixé. Ma sœur et mon frère étaient gardés par notre voisine Julie. Nous allions bientôt tous revivre ensemble à la brosserie. Peut-être que finalement c'était cette décision qu'ils ont prise après un commun accord, qui avait poussé mon oncle à se révéler et non pas cette douloureuse épreuve que l'on venait tous de traverser. Comme je le pensais.
L'épaule appuyée contre le châssis et le corps légèrement déhanché, il me regarde en me fixant et me prie de m'approcher de lui :
— Anne, il me semble que le moment est venu de te parler, me dit-il.
— Mon oncle, tu m'as appelé Anne, mais pourquoi ce ton si sérieux ? Je lui répondis perplexe.
— C'est sans le vouloir plutôt instinctif, je te parle d'un sujet sensible donc je mets la forme, me dit-il.
— Alors, je te prie de ne pas me couper, la parole continua- il. Il est pour moi difficile de me tenir ici, devant toi. Une fois que j'aurais commencé

de parler, je ne pourrais plus revenir en arrière. Je dois t'expliquer pourquoi ta mère et moi-même, nous nous comportons étrangement ces derniers temps.

— Moi je pense bien savoir ce que vous me cachez, lui dis-je d'un air arrogant en l'interrompant dans son discours. Ce qui lui déplut fortement.

Il me regarda les yeux pleins de reproches, sans dire un mot, alors j'en profitai pour dire ce qui me pesait sur le cœur.

— J'ai même demandé à maman et bien droit dans les yeux. Si tu n'étais pas mon père ! Et comme réponse, j'ai juste obtenu une gifle.

— Enfin Anne qu'elle idée ? Je comprends la réaction de ta mère, et puis tu ressembles tellement à ta grand-mère Sophie. D'où a pu te venir une telle idée ?

Un instant il fut perdu dans ses pensées, mais repris vite le cours de notre conversation.

— Bon interrompt moi plus maintenant m'ordonna-t-il sans me laisser le temps de répondre à sa question. Je vais tâcher de reprendre ou je me suis arrêté.

Sa voie était devenue basse, comme s'il avait peur qu'on l'entende. Son discours paraissait presque préparé comme s'il l'avait lui-même construit et appris avant de me le dire, tel un acteur qui joue son rôle.

— Ta mère et moi, nous nous sommes aperçus que ses derniers temps ton comportement à notre égard a changé, depuis que tu es en âge de com-

prendre le monde des adultes. Je sens que tu ligues contre moi et j'en suis peiné. Je ne veux pas que tu imagines une réalité qui n'est pas la bonne.
Alors assis toi là, sur ce fauteuil en face de moi, s'il te plaît me dit-il, en me le désignant d'un geste de la main. Il sera plus confortable pour toi que de rester debout face à moi.
— Et maintenant je vais essayer de te conter cette vérité que tu es loin de soupçonner à une seule et même condition, que tu enfouisses au plus profond de ton être ces paroles pour jamais ne les dire. Il en va de ta sécurité et celle de ta mère. Je serais toujours là pour te protéger, tu n'as rien à craindre, la seule chose qu'y risque de te choquer c'est que je ne suis pas l'homme que tu crois connaître. Je suis un être différent, mais je veux que tu saches ma petite Anne que je vous aime plus que tout toi et ta maman. Encore plus que ma propre vie.
— Et maman, elle va être présente ou c'est juste moi à qui tu confies ce secret ?
— Ta mère est déjà au courant depuis bien longtemps, mais elle n'aime pas en parler, elle a peur que l'on puisse l'entendre !
Tiens… Pensais-je voilà qui est curieux. Ils ont les mêmes réactions tous les deux. On dirait qu'ils ont peur, mais de quoi ? Mais de qui ? Finalement j'étais soulagé et heureux que mon oncle reste bien mon oncle. Mais à moi aussi toute cette situation commençait à peser et à m'inquiéter.

Étant toujours assise sur ce fauteuil où mon oncle m'a imposé de m'asseoir sans poser de question. Je commence à me sentir défaillir. Ma tête tourne comme si je recevais un gros coup de massue. Je suis désarçonné, je ne sais plus quoi pensé. Mon rythme cardiaque s'affole. Cette vérité que je vais découvrir me coupe la respiration. Le manque d'oxygène se fait ressentir. Je dois à l'instant devenir très pâle puisque mon oncle me posa la question.

— Ma cocotte tu es toute blanche, ça ne va pas ?

Il remploya ce doux nom que j'aime tant. Je n'aime pas ça quand il m'appelle par mon prénom.

— Si, si, j'ai juste besoin de prendre l'air. Depuis ce jour où j'ai surpris une de vos conversations avec maman, je suis perturbée. Tu sais tonton ? Je vous ai maintes fois surveillé et espionné.

— Comment ç'a espionné Anne ?

— Ben oui, je voulais savoir ce que vous me cachiez et pourquoi maman est toujours agressive et contrariée, aujourd'hui, je pense que j'ai mal interprété ses réactions.

— C'est ça ma petite, tu n'as pas tout compris et je suis bien triste que tu es pu en souffrir.

Si on allait marcher à travers champ pour rejoindre la rivière ? On serait plus à l'abri des regards et d'oreilles qui pourraient s'être perdues. En même temps sa te redonneras peut-être du rose aux joues.

— Mais il y a de la neige dehors ! lui fis-je remarquer. Enfin pourquoi pas ? Je vais mettre un bon manteau et mes bottillons fourrés pour ne pas avoir froid au pied.

En cette belle journée ensoleillée qui faisait étinceler la neige fraîchement tombée, tu as commencé à m'expliquer ton passé compliqué, mais... Au moment de notre promenade, je fus confronté à un oncle paralysé comme tétanisé. Tu paraissais effrayé... un silence pesant prit place au milieu de cette conversation. Après ce temps nécessaire que tu t'octroyas... tu repris lentement ton élocution. Plusieurs de tes personnalités alliant différents individus s'étaient déjà présentées à moi, sans que je n'en soupçonne la moindre existence. Maintenant c'était le tour du conteur, qui était victime de son propre blocage, celui tu as enfermé derrière des murs construits pour t'encercler. L'autoritaire aussi avait fait son apparition au début de ta confession, qui osa m'imposer ses propres choix. C'est celui-là qui m'intrigua le plus. Toi habituellement si doux et conciliant. Et pour finir, le comédien : pour te projeter dans ton histoire et essayer de me la citer à demi-mot.

Au bout de deux heures, nous sommes rentrés à la maison. Il était 17 h, la nuit n'allait pas tarder à tomber. Il commençait à faire froid, très froid même. Est-ce que c'est ce temps hivernal qui me glaça, ou le destin de mon oncle qui se dessinait doucement devant moi ? Ainsi que, ces non-dits ! Et ces mots placés tels que sécurité, vérité.
Je suis restée à l'écouter parler cette fois-ci sans l'interrompre pendant plusieurs heures, sur le fauteuil où j'avais repris place. Le feu dans la cheminée nous réchauffait. Pas un bruit dans la maison

n'était présent, juste la voix tremblante et sourde de mon oncle qui me contait sa vie emplissait cette pièce. Cet homme qui depuis ma tendre enfance était comme un père allait me révéler son existence, son expérience de vie.
Alors le temps s'est arrêté, pour laisser place au passé...
Ma famille elle, n'était toujours pas rentrée.

Frisé :

Effectivement, le ton de ma voix est sourd. Mon image se reflète dans tes prunelles ma tendre enfant que je considère comme la mienne. Cet amour que j'ai pour toi est démesuré, mais tu es ma nièce et pas ma fille je ne dois pas l'oublier. L'amour peut-être si incompréhensible parfois, ton père est bien présent à tes côtés, mais peut-être que les sentiments deviennent confus et se dispersent après certaines cruautés que la vie nous inflige.
Toi cette belle jeune fille assise sur ce fauteuil, qui me fixe avec le plus beau sourire qui soit, tu es au moins soulagé que je ne sois pas l'amant de ta mère et encore moins ton père. Je sais que je possède une place très importante dans ton cœur et ta vie. C'est sûrement ce qui a dû déclencher chez toi cette joie irrationnelle. Tu n'en désires pas plus. Ton amour est irremplaçable à mes yeux.
— Pour commencer ma « cocotte », le début de ma

vie fut chaotique. Je suis née en « macédoine du nord » à Krani, petit état du sud des Balkans. Pour être plus précis, cela se trouve à quelques milliers de kilomètres de notre chez nous, ici, bien qu'un bout de mon cœur soit resté là-bas au milieu d'une vendetta ou ce mêle différent règlement de compte.

Et toi comme réflexion, tu vas te demander en ton for intérieur, c'est quoi une vendetta ? Je ne comprends pas ce mot. Alors je vais te le révéler avant que tu me le demandes afin que tu ne puisses pas me couper dans mon élan.
Mais je vois bien dans tes yeux que tu veux juste m'écouter sans me poser de questions. Je me dois de repérer les moindres signes qui peuvent traverser l'expression de ton regard. Je pense que pour toi il est difficile de pouvoir me parler, comme si une boule était coincée dans ta gorge ne pouvant laisser s'échapper le moindre son.

Je prends donc une chaise pour être à ta hauteur, plus prêt de toi et je te saisis les deux mains affectueusement.

- — Anne, une vendetta est une coutume de notre pays entre deux familles ennemies.

C'est bien vrai ! Elle n'aime pas que je l'appelle par son prénom vu son expression. Je dois m'efforcer à employer le mot cocotte et arrêter ce ton solennel.

- — Comme tu sais, je suis arrivé en France en 1942. Mais avant j'avais eu toute une autre vie que celle d'ici. J'aimais mes parents avec une puissance qui a pu me perdre. Nous vivions toujours à couteaux tirés, jamais en paix. En mai 1923, nous avons dû quitter la macédoine, pour nous diriger sur l'Albanie. Nous habitions au détour d'un lac, juste à côté de la frontière grecque et albanaise. Mon père pour je ne sais qu'elle raison nous embarqua dans son périple. On devait rejoindre l'Albanie par les terres et les montagnes. À cette époque, je sais que ce pays était sous l'influence d'hommes politiques corrompus.

En juillet 1923, pour se rajouter à tout ce désespoir que nous infligeaient la vie politique du pays et les règlements de comptes en tout genre. Ma mère nous révéla qu'elle était enceinte de 4 mois, ce qui bien entendu ajouta quelques difficultés supplémentaires à cette galère du quotidien. Maman était fatiguée et pas suffisamment nourrie. Le futur bébé l'affaiblissait, nous devions donc ralentir et le danger nous rattrapait, comme lui rétorquait mon père avec tous les reproches qui soit, a plusieurs reprises au cours de la journée. Il n'appréciait guère cette situation et tout ceci le contrariait. Alors du haut de mes 12 ans, j'ai dû protéger ma tendre mère, du beau nom de « Djeme ». Elle était d'origine slave, son visage avec de beaux traits fins qui émanait une patience à toute épreuve (il hante mes rêves encore aujourd'hui) comme si rien ne pouvait plus l'atteindre, une forme de résilience. C'était une mère au courage exemplaire. J'ai souvent retrouvé en ta grand-mère Sophie des similitudes, c'est pour ça que je l'aimais beaucoup aussi.

Je repris ma respiration à cet instant, parler de ma mère était un sujet très sensible. Tout mon être intérieur en tremblait, mais sans laisser transmettre une seule émotion. J'avais appris à jouer ce rôle très tôt pour me protéger et être un homme pour elle, enfin j'essayai. La moindre larme ne devait jamais couler sur mes joues. Mais hélas ! il était souvent difficile pour moi de maîtriser toute cette panique autour de nous.

— Mon père lui s'appela « Sali » du même prénom que moi, il était pourvu d'un fort caractère, aucune ombre de colère n'assombrissait son visage, seule sa moustache tremblait quand il se contenait. C'était un rebelle, un révolutionnaire opposé à toute sorte de dictatures. C'est un peu compliqué pour toi tous ces nouveaux mots, je le vois bien. Je pense que tu pourras trouver des informations à ton lycée, et comprendre cette vie que j'ai dû affronter. Je vais te donner des éléments clés. Il en sera plus facile pour toi comme çà...

À ce moment-là, tu étais toujours assise sur son fauteuil, buvant mes paroles dans le plus grand calme. Tu acquiesças sans dire un mot !

— En février, ma douce mère accoucha de son deuxième enfant dans d'horribles souffrances, au cœur d'un village perché au flan des montagnes albanaises. Les conditions de vie étaient très rudes, aucune hygiène n'était présente sur les lieux. La

moindre sage-femme avait déserté. On était seul, avec juste quelques vieilles dames qui restaient, les autres se cachaient, fuyaient. Ils n'étaient pas prudents de rester sur place à cause de « la dette du sang »… Bien que les femmes en fussent épargnées, elles désiraient suivre quand même leurs familles contre tout. Le « kanun » exactement. Cette loi dite du « talion » était une sorte de code civil datant 15 siècles. Je n'étais encore qu'un enfant, alors tu peux comprendre que je ne saisissais pas le sens exact de tous ces Noms à la consonance de pouvoir, de vengeance, de justice et de pardon. Et si à l'heure actuelle tout est encore bien situé dans ma mémoire.
Pourquoi devons-nous fuir ? À cause de quoi ? Je ne saurais réellement l'expliquer. J'étais bien trop jeune à cette époque. C'est bien des années plus tard que j'ai recherché en ouvrant des livres ce que je t'explique. J'ai toujours eu soif de connaissance, j'aurais aimé pourvoir étudier, mais hélas c'était impossible dû a la conjoncture et notre fuite toujours en avant pour échapper à notre propre pays qui nous menaçait au quotidien. On ne devait jamais rester au même endroit, ce que nous ordonnait mon père. Cette loi qui disait que pour réparer un crime le sang doit couler, nous pourchassait, nous faisait horreur. Mon père était impliqué… Pour quelle raison exacte ? Je ne serais te le dire. Mais à cause de tous ses détriments, ma mère n'aura pas survécu dans ses montagnes. Elle mourut en couche. Mon père a dû l'assister, bien

obligé. Il n'a pas réussi à la sauver, juste l'enfant a survécu. Une très jolie petite fille brune. Maman fut enterrée au pied d'un pin des Balkans. Ce jour-là, la colère fit bouillir mon sang dans mes veines. La couleur rouge, celle liée à cette émotion, a pris possession de mon âme.

En approchant mon visage de toi, je te murmure à l'oreille :

— Quelques années plus tard, je deviendrai moi-même un rebelle, pour venger ma mère et lui faire honneur, mais j'y reviendrai au moment venu…
Je repris mes esprits, sortit mon mouchoir pour essuyer la rivière de larme qui coulait sur tes joues, tout en soupirant, puis je repris mon récit.
— On était en 1924, quand Mira est née. Elle est arrivée dans ce monde sans crier, déjà prête à savoir garder un serment sans en souffler un mot. Il lui a fallu quelques secondes pour prendre cette bouffée d'oxygène que nous offre la vie en arrivant sur terre. Les pleurs de ma sœur remplir notre cœur de joie et le silence n'a jamais de ma mère fut notre calvaire.
Alors ma cocotte, tu imagines facilement que ma petite sœur a pris rapidement une place inestimable dans mon cœur. Je devenais son protecteur. J'avais fait le serment à maman sur sa tombe que je la protégerais toujours de quelques manières qui soient contre tous les malheurs qui pourraient l'approcher. Que je les repousserais de toutes mes forces et que ma vie entière sera dévouée à ce petit

être qu'elle me confiait puisqu'elle ne pouvait être présente pour elle. Je serais son ange gardien ainsi que celui de sa future famille, comme toi ma petite aujourd'hui. Je ferais couler le sang de qui osera vous approcher et vous malmener, s'il le faut…

D'une violence inouïe, toutes ses douleurs ressurgissant me transpercent. Comme si je venais d'être foudroyé par ce passé qui m'avait rattrapé. Me poussant à expulser toutes ses années de luttes et de survie sans que je puisse faire demi-tour. J'en avais déjà trop dit… J'allai me révéler, mais jusqu'où ? Quelle frontière je ne devais pas dépasser ? Mon faciès a dû se marquer, car vu ton expression qui se peignait sur ton visage, je compris que tu allais prendre la parole.

∞∞∞

Anne et frisé :

À ce moment-là, la grande aiguille sur le cadran de l'horloge indiquait qu'il serait bientôt 19 heures. 2 heures que je t'écoutais sans t'interrompre. J'avais peur que tu t'arrêtes, que la douleur t'empêche de continuer, mais ces derniers mots que tu te remémores me firent étrangement penser à cette tradition ancestrale que tu m'as expliquée un peu plus tôt. Cette fameuse « dette du sang ». Alors, l'effroi s'empara de moi et une question me vint pour me rassurer. Cependant une autre traversa ma pensée, plus forte, plus saisissante et troublante, qui balaya la première en un éclair. Pourquoi tu évoques que tu me protégeras moi aussi ?

Soudain, tout pris une autre tournure, tous ses aveux que tu me confesses, vont-ils mettre en doute mes racines, le sang qui coule dans mes veines, mes origines.
J'espère que tu vas oser tout me révéler. Afin que tu ne puisses plus être rattrapé par cette peur qui émane de toi. Ce danger que tu laisses transparaître sans que tu puisses t'en rendre compte. Je te connais que trop bien, je t'ai observé à maintes reprises. Je crois savoir qui tu es. Mais peut-être que je me trompe ? Que tu caches ta face. Alors je décide de te persuader de continuer.

Je commence à te parler à demi-mot. Je

comprends que je détiens qu'une partie de la vérité grâce à ton courage et à ta propre bataille que tu as entreprise contre toi-même.

Je me dois de t'aider, surtout pas te juger et encore moins te condamner. Juste te délivrer de ce poids beaucoup trop lourd a porté depuis toutes ces années.

— Tonton, cette petite sœur que tu as eue sous ta responsabilité, il me semble que tu l'as comparé à moi, n'est-ce pas ? Elle me ressemblait ? Dis-moi s'il te plaît.

J'espère te pousser dans tes retranchements, en te tendant une perche, même si moi je ne comprends pas pourquoi j'agis de la sorte. Mon instinct me souffle de savoir et mon cœur me dit de reculer, que je risque de souffrir. Ma conscience elle sera me guider.

— Oui effectivement, vous vous ressembliez beaucoup étant petite fille ma cocotte, c'est pour cette raison sûrement que je t'aime autant me dit-il tout en s'arrêtant net. Laissant planer un sentiment de confusion.

— Tu viens, si on passait à la cuisine, il serait peut-être le moment de manger quelque chose il se fait tard ! me dit-il.

— C'est vrai, il est déjà 19 h 30. Le temps a passé vite, on pourrait manger un peu de soupe de légumes que maman a préparée avant de partir.

— Ils ont du retard ! Leur rendez-vous a dû se prolonger au notaire. À moins que notre voisine leur ait offert un petit canon, en récupérant Alice et

Henry.

Tu repris une grande inspiration tout en nous servant un bol de soupe à chacun, qui mijotait doucement sur le fourneau de la cuisine.

— On finira cette conversation demain si tu veux bien. Ils vont bientôt tous arriver, je ne voudrais pas être surpris.

— Demain, je n'ai pas cours l'après-midi. On pourrait se retrouver au parc du Chambon Feugerolles vers les 14 h. Je suis pressée maintenant que l'on déverrouille ensemble ces portes que tu as laissé fermer à double tour pendant bien trop de temps.

— Je te comprends ma cocotte et je te le promets sur mon honneur. Voilà que je reprends ce ton solennel me dit-il en riant.

— C'est vrai tonton ! Pourquoi parles-tu de cette façon ? Ça ne te ressemble pas, tu n'es pas si rigide habituellement lui répondis je en me faisant une place dans ses bras.

Il m'embrassa les cheveux en me disant, je t'aime tant…

Le lendemain, on se retrouva comme prévu à 14 h. On prit place sur un banc du jardin public, il faisait bon pour un mois de janvier, le soleil était timide, mais il était présent pour faire fondre la neige qu'il restait au sol.

Il avait coiffé sa tête avec une de ses toques en fourrures, typique de son pays, c'était joli et très doux.

— Tu vas bien tonton ? On peut reprendre notre

conversation d'hier ? lui dis-je impatiente, j'ai envie de connaître la suite, je suis pressé, j'ai hâte !
— Oui si tu le désires, reprenons ou je me suis arrêté.
C'est difficile de faire remonter tous ses souvenirs enfouis au fond de moi, j'ai eu une nuit plutôt agitée et toi ? me confia-t-il.
Je lui répondis :
— Moi aussi, je n'ai pas très bien dormi, plein de questions se sont bousculées dans ma tête en me couchant !

Mais d'un seul coup ! En me relevant du banc, je me rends compte que celui-ci est humide...
— Oh ! J'ai les fesses un peu mouillées, lui dis-je, en riant.
— Je n'osai pas trop le dire, mais moi aussi, si on allait plutôt boire un bon chocolat au petit café de l'angle de la rue.
Tout en marchant, pour se mettre au chaud, il reprit.
— Donc alors, comme je te l'ai expliqué hier, a 12 ans ma vie à bien changé être responsable d'une toute petite fille pas plus grande qu'une jolie poupée fut le plus gros défi de ma vie. Elle réclamait beaucoup d'attention ce qui est normal pour un bébé et je me devais de la nourrir aussi. Mais comment faire ? Ou trouvé du lait ? Perdu dans cet endroit. La seule solution qui me vint à l'esprit à ce moment-là. C'était celui des chèvres. Espérant en trouver une sur ma route

pour la traire. Mira se révéla de santé robuste. J'ai eu si peur en lui en donnant son premier biberon (celui que ma mère avait confectionné et qu'elle avait pris soin de faire suivre dans ces maigres bagages...) qu'elle ne le digère pas. Après tout elle venait de naître et c'est celui de sa mère qui lui convenait, pas celui de cet animal à quatre pattes. Je dus aussi trouver une façon de la porter. On marchait toute la journée. Il n'était pas simple d'évoluer avec elle, je devais garder les bras libres. Je ne pouvais pas compter sur l'aide mon père. Il ne souhaitait pas s'en occuper, ni même la regarder. Il la condamnait de la mort de maman, comme si c'était la faute de Mira. Il rejetait sa souffrance sur elle. Mon père lui en voulait à ma sœur et moi je le tenais responsable. Tout était à cause de lui. La disparition de ma mère, cette éternelle fuite, j'étais épuisé. C'est pour cette raison qu'il fallait que je réfléchisse à comment bouger avec Mira. Mes mains devaient être libres, puisque mes jambes quelquefois ne me portaient plus. Je devais au moins pouvoir me rattraper en cas de chute. On marchait bien 25 kilomètres par jour et on essayait de s'arrêter dans des villages en fin de journée. Un soir je reçus de l'aide de deux vieilles dames qui occupait encore ses les lieux. Elles prirent pitié de nous et m'offrirent une gourde en peau de chèvre pour faire office de biberon pour la nourrir (un supplémentaire n'était pas de trop) puis en même temps elles me confectionnèrent un baluchon avec du tissu en lin contenant des changes pour Mira et une écharpe en drapé pour installer confortablement ma sœur contre moi. Grâce à ce geste très généreux, je fus plus serein pour reprendre la route à l'aube d'un nouveau jour.

Anne :

Mon oncle avait parlé d'une traite jusqu'à ce que je pousse la porte du bar. On s'installa juste à côté du poêle à bois ou j'entrepris de me frictionner les mains au-dessus. La chaleur qu'il s'en dégageait était très agréable. On commanda un bon chocolat que le monsieur nous servit à table. Il semblait fort bien connaître mon oncle, puisqu'il l'appela Frisé ! On dut le déguster doucement, car il était brûlant, un vrai délice. Sinon tonton, ne put pas continuer son histoire qu'il avait démarrée au parc, beaucoup trop de monde était aussi venu se réchauffer à l'intérieur. Certains pour discuter en amis, d'autre dans un coin plus à l'abri des regards jouaient aux cartes en laissant fuser des noms d'oiseaux. L'ambiance du café était animée et pas très propice à la confession. J'étais un peu déçue. Je devenais impatiente de connaître la suite de son passé et enfin savoir le pourquoi du comment au sujet de lui et Mira, mais aussi de maman.

Frisé :

Je sentais bien qu'Anne était avide de l'expérience de mon vécu, mais je ne pouvais hélas ! finir de lui expliquer toutes mes aventures en un après-midi. C'était bien trop court et le bar où nous étions se trouvait bien trop bonder de monde. Il n'était pas aisé de pouvoir discuter au milieu d'un tel brouhaha. Il me fallait donc trouver une solution et rapidement sinon elle allait me harceler au quotidien (vu son caractère légèrement soumis à l'impatience...) Pour connaître la suite des événements. On se devait de pendre du temps pour nous. Sans être dérangé, on ne pouvait pas se permettre d'être surpris et surtout que l'on puisse nous entendre. Le sujet était bien trop grave et complexe.
C'est pour toutes ces raisons apparentes que je devais organiser un petit aparté de 2 ou 3 jours, pour être ensemble loin de tout...

Comme cousine Jeannette avait proposé à Anne de lui rendre visite à nouveau à Sonnet. Je pensais donc profiter de cette occasion pour organiser de futures vacances au début de printemps. Je vais juste devoir faire preuve d'ingéni-

osité pour la faire patienter.
Au bout de plusieurs jours et quelques réflexions, j'ai trouvé comment Anne pourrait assoiffer sa curiosité de mon passé. Dans un premier temps, j'allai lui exposer certains événements que nous avions partagés mon père et moi jadis, mais sans pousser trop loin ma confidence. Je ne désirais surtout pas l'effrayer ni lui soumettre trop de faits réels au risque de la choquer. Après tout, elle était seulement âgée de 17 ans. Juste le nécessaire sera suffisant. Puis je lui citerais certains noms des personnages importants qui ont traversé mon existence. Ainsi elle pourra faire des recherches à la bibliothèque de son lycée. Tout ce travail en amont aura pour but de me simplifier la vie pour raconter et elle pour mieux comprendre......
Mon idée n'était pas de lui raconter mes années de révoltes, ni de conflit, mais tout simplement lui retracer ces parties de mon existence que je n'ai jamais pu confier au risque de déstabiliser cette vie que je me suis construite mensonge par mensonge pour consolider cette famille que je me suis réinventées et réappropriées bien des années après.

Anne :

Le temps s'écoula, en commençant par laisser derrière lui l'hiver et s'ouvrait sur un printemps naissant. Cet intermède des saisons me laissa une grande place pour effectuer les recherches que mon oncle frisé m'avait conseillées afin que je puisse essayer d'analyser sa vie antérieure de Yougoslavie. Que de souffrance notifiée dans les livres d'histoire de la bibliothèque de mon lycée. J'ai pu découvrir et étudier sur ce pays, qui était maintenu dans de terribles conditions encore de nos jours. Tous ceux-ci me firent froid dans le dos rien que d'imaginer les atrocités que mon cher oncle avait pu endurer. Je n'ai pas eu la force de finir cette démarche que j'avais entreprise. Je dus arrêter net sinon jamais je ne pourrais cicatriser ces plaies béantes qui se sont ouvertes dans mon esprit. Je ne voulais surtout pas qu'elles atteignent mon cœur.

Pourtant une question frappait sans arrêt à la porte de ma curiosité : mais où est Mira aujourd'hui ? Puis une deuxième faisait son arrivée à son tour. Quel genre d'affection liait mon oncle et ma mère ? Tout de même, ils étaient relativement proches... Est-ce que les deux étaient étroitement liés ? Mon intuition me soufflait de persévérer dans ce sens.

Nous étions donc au début de cette belle saison, à la fin du mois de mars exactement. Les vacances de Pâques approchaient et bientôt je partirais avec mon oncle à Sonnet chez tante Jeannette. Comme la prévue tonton, pour qu'il puisse enfin finir de me conter son vécu et moi je pourrais lui expliquer les recherches que j'ai faites sur son pays. Depuis notre rencontre au « petit café », nous n'avions pas eu trop le temps de nous revoir ou alors juste dans le cadre de réunion de famille. Comme je dis, l'hiver garde les gens au chaud chez eux. Le printemps lui, est une période du renouveau qui ouvre les portes des maisons pour sortir au doux contact du soleil du coucou.

∞∞∞

Anne et Corine :

Fin de notre après-midi,

Maison de retraite le chasseur

Corine :

En regardant l'heure sur mon portable, je me rends compte qu'il est déjà 17 h 45, le temps a filé si vite…
J'en avertis donc maman.
— On reprendra plus tard si tu veux bien, je dois te descendre à ta salle de restaurant pour le repas, et moi je dois reprendre la route.
Elle me répondit un peu frustrer :
—Eh oui faisons comme ça ! On n'a pas trop le choix, je dois aller manger.
En souriant, j'essaie de la rassurer.
— Ne t'inquiète pas maman, je t'appelle dans la semaine et je reviens lundi prochain comme prévu. Notre week-end end approche à grands pas, on aura tout le temps pour nous.

∞∞∞

Anne et Corine

Lundi 27 juillet 2020 :

Corine :

En rentrant dans la chambre de maman, ce lundi après-midi, les volets sont déjà fermés. Aujourd'hui le temps est encore plus chaud que la semaine passée, cette fois-ci, à la télévision, ils annoncent un début de canicule.

Maman est réveillée, elle m'attend les yeux hagards sans point de repère, sa vue lui fait vraiment défaut. Cela doit être très compliqué à vivre au quotidien. Ma voix l'interpelle quand je lui parle. Elle me reconnaît aussitôt.

— Bonjour, maman, c'est moi, tu vas bien ?

— C'est toi ma chérie, me dit-elle en me chercher de sa main dans le vide. Je suis contente de te voir ça me remonte le moral. La climatisation était déclenchée à la salle de restaurant et je n'aime pas tellement ça. Je suis gelée maintenant me dit-elle contrarié. Pourtant, les lieux ont besoin d'être rafraîchis avec cette chaleur. Mais il est vrai que les personnes de la génération de

l'après-guerre ne sont pas habituées à ce nouveau confort que le progrès nous a offert. Enfin, je lui explique le pourquoi du comment et elle est comprends. J'enchaîne sur la préparation de son sac de voyage, puisque samedi matin je viens la chercher à 10 h, jusqu'au dimanche. Puis je bifurque la discussion sur notre livre, son échappatoire.
Tout de suite, sa bonne humeur la réinvestit. C'est gagné.
— Tu te souviens ou notre dialogue s'est arrêté la dernière fois ou tu souhaites que je te le remémore ?
— Oui, je veux bien que tu m'aides, s'il te plaît ! Redis-moi de quoi nous parlions.
— Tu te souviens, on discutait de Mira, et de la relation très proche qu'entretenaient le frisé et ta mère. Et, de ce doute qui pesait encore sur toi à leur sujet.
— Ah oui ! C'est vrai merci. Je me suis resituée. C'est réel à cette époque, j'associai les relations particulières entre le frisé et ma mère, avec son attachement pour Mira. J'y reviendrai par la suite au moment venu si tu me le permets.
— Je pense que tu ne me laisses pas trop le choix maman ! Mais quand alors ? lui dis-je avec une pointe de contrariété.
— Bientôt ma chérie. Samedi chez toi, on aura tout le temps. Je pense exécuter le même scénario que le frisé à dérouler avec moi, c'est un bon procéder. Cette histoire a un sens et on se doit le respecter, sinon on ne pourrait en saisir que les grands axes. Tous les personnages de notre famille ont leurs importances pour appréhender ce passé bien trop douloureux. Pour reprendre les par-

oles exactes de notre oncle. Le respect de chacun avant tout ! me dit-elle d'un air possédé.

Sûrement pour faire diversion, puisque pour elle le moment n'était pas encore choisi pour me révéler toute la vérité, elle opta de me parler de quelques anecdotes du frisé a Valcherie. Il est vrai que ces situations qu'elle mit en scène étaient remplies de malices et de belles émotions. Maman avait choisi méthodiquement ces moments de vie pour que je puisse patienter jusqu'à notre prochaine rencontre à la maison. Néanmoins prise par son propre élan elle ne put se contenter de me confier juste le nécessaire. Quelques brides lui échappèrent dans sa révélation avant mon départ.

Je m'imaginais avec une tendresse absolue ce tonton auquel maman et moi on dévouait un amour sans limites (il était si fort cet amour qu'il était encore bien présent de nombreuses années après sa disparition) dans les situations qu'elle allait me décrire. Je me suis délectée de cet épisode qu'elle me cita, ou elle me le décrivit dans un contexte différent. Puisque ce visage-là, j'ai eu la chance de le connaître tout particulièrement. Car c'est celui qu'il m'a offert du jour de ma naissance à mes 14 ans qui suivirent, comme si moi je l'avais fait fondre mon « tonton frisé ».

En écoutant maman, conter le dénouement de cette histoire, je me suis perdu dans mes propres pensées. Elle me héla pour que je l'entende à nouveau.
— Houhou Corine, tu m'écoutes plus là ! Me gronda-t-elle.
— Oh désolée maman je me suis égarée un instant, re-

prends donc, lui dis-je ennuyer.

— Alors comme je te l'expliquais le frisé possédait quelques petites manies, mais une de mes préférées était celle du foin quand il y venait pour se réfugier. Il aimait beaucoup s'y coucher dedans au printemps et en été. Ces moments de simplicité et d'isolement n'appartenaient qu'à lui. Souvent, il arrivait avec son baluchon sur l'épaule, pour y passer la nuit.

Comme cette fin d'après-midi du mois de mars. Je me souviens bien de ce moment, je me trouvais exactement sur le point de commencer la traite de mes chèvres, quand il me rejoignit et m'expliqua qu'il souhaitait coucher ici même dans le foin de la bergerie

.

— Mais quelle idée tonton ? On a des lits à la maison ! lui répliqué-je d'un air amusé.

— Oui, je sais, mais je préfère dormir avec les chèvres ! me dit-il.

— Ah bon ? Tu sais tonton que tu es un peu particulier ? lui répondis-je en me moquant de lui gentiment.

Ce qui lui décrocha un sourire en coin et un clin d'œil.

— Un peu fou même, me confia-t-il avec déraison. Mais j'aime mieux cela que de rester à la maison. Ta tante Simone est imbuvable ces derniers jours, son humeur est massacrante et très variable. Ta mémé, « paix à son âme » appelait cela « avoir ses vapeurs ». Pour faire court à la discussion, la femme en vieillissant se confronte à cette période difficile et ce tournant majeur nous les hommes on le subit de plein fouet pardi, m'expliqua-t-il en levant les mains jointes et regardant le ciel. Pour le meilleur et pour le pire ! « Qu'il a dit le maire de la Ricamarie en passant devant lui ». Enfin, il s'est bien contenté de ne pas tout m'expliquer celui-là, quand j'ai signé son contrat.

Cette situation, qu'il essayait tant bien que mal de me décrire était un peu compliqué pour moi encore. J'étais une toute juste jeune fille et cette période de vapeur me laissait songeuse. La vieillesse était encore loin devant moi. À cet instant, j'imaginais plutôt ma tante comme une sorte de dragon qui crachait de la vapeur par le nez. Ce qui me fit bien rire en mon for intérieur. Mais à vrai dire, peut être que lui aussi ces derniers jours ma tante à ses yeux c'était révélé être un vrai dragon.

— Pauvre tantan ! Toute seule dans sa maison à la « brosserie ». Lui déclaré-je ennuyer ! Oh, puis non finalement, il lui reste le Jeannot. Elle est toujours bien occupée grâce lui, c'est tout l'avantage qu'il habite avec vous. Quand elle devient trop pénible, tu peux t'enfuir et te réfugier ici à la tranquillité. Tout en sachant qu'elle n'est point seule à la maison.

— C'est exactement ce que je me dis. Tu as lu dans mes pensées ma cocotte.

— Donc tu comptes vraiment t'installer ici pour la nuit alors ? lui demandé-je. Je vais aller te chercher une couverture bien épaisse pour avoir chaud. Il risque de faire froid quand le soleil va se coucher. Tu nous rejoins pour souper ou tu préfères être tranquille pour la soirée ?

Il me répondit en cherchant un coin agréable, tout en étalant le foin pour se créer un matelas confortable.

— Je me plais mieux ici. J'ai besoin de calme et je n'ai pas trop envie de me confronter aux questions de tes parents. Si tu peux me ramener un bout de pain et du fromage en plus la couverture, je serais un véritable roi conquis. Et aussi une lampe de poche si tu trouves chez toi. J'ai bien la mienne avec moi, mais deux c'est plus raisonnable.

— C'est parfait, je regarde toute la liste que tu viens de m'énumérer et je reviens après le repas. C'est bon pour toi je lui demande ? Enchanté de notre complicité.

— Tu es un ange, ma petite Anne. Désolé, je ne voulais pas te nommer ainsi, mais je pensais que l'on pourrait profiter de ce moment ensemble pour reprendre notre discussion de l'autre jour, tu veux bien ?

Et en me regardant d'un air perplexe, il me questionna à une autre reprise.

— Mais pourquoi cette situation me lie directement à ton prénom ? Toutes ces réactions sont bien particulières, tu en penses quoi ?

— Ce que j'en pense ! Mais de quoi ? Pourquoi tu m'appelles par mon prénom ou de reprendre notre conversation ? Lui répondis-je, en le narguant

Qu'importe, il m'appelait comme il souhaitait

tant qu'il continuait...
Alors joyeuse ! Je lui répondis,
— Mais bien sûr, tonton, que je veux que tu continues de me confier ton histoire.
Il me fixa du regard avec une bienveillance à mon égard qui me donna l'envie subite de lui dire qu'il était l'homme le plus merveilleux que je connaissais.
— Tonton tu es merveilleux ! Lui dit en me dirigeant vers la sortie de la bergerie. La traite était finie, je pouvais rentrer à la maison pour préparer son barda et souper.
Je suis revenue 1 heure et demie plus tard avec tout le nécessaire qu'il m'avait commandé. J'ai pris le prétexte auprès de mes parents, qu'une de mes chèvres était sur le point de mettre bas et que je devais la surveiller.
— Tu m'appels si tu as besoin de moi me dit mon père avec son air protecteur.
— Oui papa, si le petit chevreau arrive je viendrais te chercher, merci, lui répondis- je.
Et dire que mon oncle ne voulait pas que l'on sache qu'il était ici ! Je respectais donc sa clandestinité. Mais quelle tête qu'il ne ferait pas s'il venait à le trouver demain au petit matin endormi dans la paille. Pourtant tout cela ne perturbait guère après tout. C'étaient des réactions d'adultes et quelquefois leurs réactions pouvaient être déconcertantes. À ce jour, heureusement, mes 17 ans me tenaient encore un peu loin de tous ses phénomènes. Quoique je m'en approche à grands pas

de leur monde.

Les bras chargés de ses provisions et de la couverture, après tout je m'apprêtais peut-être à passer la nuit à la bergerie pour attendre mon petit protégé. Un peu de ravitaillement et une épaisseur pour me protéger du froid ce n'était pas de trop.

Alors comme j'étais bien embarrassé, je mis un coup de pied dans la porte pour l'ouvrir en criant !

— C'est moi tonton ! Je t'apporte de quoi manger et te réchauffer !

Il me répondit du fond de la bergerie où il était installé auprès de ma chèvre. Il savait que j'étais inquiète à son sujet. Il me regarda rentrer heureux de me voir arrivé.

— De retour ma cocotte. Tes parents ne t'on rien dis que tu repartes ?

— Non je leur ai dit que je devais surveiller « clémence ».

Ce qui le fit s'esclaffer.

— Où tu as bien pu aller chercher un nom pareil pour ta chèvre ?

— C'est le nom d'une tante à papa, lui dis-je malicieusement. Elle a la même robe couleur caramel, qu'elle ne change jamais, paraît-il. Elle vit perdue dans la campagne, j'y suis allée une fois avec lui et Alice.

Après notre fou rire partager, on s'installa tous deux sur la couverture posée au sol.

Il me dit, en se découpant un bout de pain accompagné de fromage.

— Le temps s'est écoulé bien vite depuis le mois de janvier. Tu ne trouves pas ?
— Si c'est vrai ! Mais je suis heureuse que l'hiver cesse enfin et que revienne cette saison. À cette période, je trouve que les gens sont plutôt tristes et moroses…
— En effet je suis de ton avis, mais peut-être que ces derniers mois auront été à ton avantage et t'auront laissé ainsi le temps souhaiter pour exécuter tes recherches à ton lycée sur mon pays ? Me demanda-t-il l'air curieux ?
— Oui bien sûr lui répondit je. Je me suis instruite sur tes origines pour mieux comprendre ton vécu comme tu me la suggérer. Mais quand j'ai réalisé toutes les atrocités que ton pays avait endurées. Ce travail que j'avais commencé, c'est révélé bien trop douloureux et effrayant pour que je puisse avoir la force de continuer. Tu ne m'en veux pas tonton ?
— Je comprends ma cocotte. Ne t'inquiète surtout pas me répondit-il perplexe. Et pour corser le tout, je lui avouai mes doutes et mes craintes de ne pas avoir exactement tout saisi sur la vie politique de son pays.
— J'ai cru comprendre dans mes livres d'histoire, quand 1928 le Premier ministre de l'Albanie c'est auto proclamer roi sous l'appellation de Zog 1er. Quel drôle de nom. C'est sûrement pour cela que je l'ai retenu. Par la suite j'ai compris qu'il conduisit son pays à sa perte. Si bien que l'Italie essaya d'envahir l'Albanie pendant la guerre de 39/45. C'est

bien cela, je ne dis pas de bêtises ? Dis-moi.
— Dans les grands axes oui. Mais il est vrai que tout cela est bien compliqué à assimiler pour une toute jeune fille comme toi. Et puis l'essentiel ne s'arrête pas là. Le principal, c'est de comprendre la suite des événements qui te concerne directement toi et ta famille.
En se tenant le menton, il me fixa du regard perdu dans sa propre réflexion, puis me sollicita pour reprendre le fil de notre conversation lors de notre rencontre au petit café.
— Dis-moi si tu te souviens ou je m'en suis arrêté ?
— Oui à peu près. Il me semble que tu m'expliquais l'épisode des deux vieilles dames qui t'ont offert gracieusement, un biberon et un baluchon pour ta petite sœur. Et que, grâce à ce geste généreux, tu étais plus serein pour reprendre la route.
— C'est exactement cela, je me le remémore maintenant ! Est-ce que je t'ai aussi expliqué que malgré toutes les bonnes intentions de ces deux grand-mères, nous avons dû rebrousser chemin pour revenir en macédoine. Mira s'avérait être en danger, elle n'était encore qu'un bébé, tout était beaucoup trop compliqué à gérer.
— Ah non ! lui répondis-je surpris. Tu es reparti seul avec ta petite sœur ou ton père est rentré avec vous dans votre village ?
— Mon père, il nous a suivis bien entendu. Il est vrai qu'il était encore en très en colère contre la vie, mais son amour pour nous était le plus fort. Même si dans ces moments-là il ne démontrait en-

core aucun signe d'affection pour Mira, me confia-t-il.

— C'est triste, cette petite fille n'y était pour rien dans la mort de sa maman. Ce n'était pas déjà pas juste qu'elle en soit privée. Heureusement qu'elle avait son grand frère pour s'occuper d'elle et la tenir en sécurité, lui répondis je admirative.

— En effet, c'est pour toutes ses raisons que nous sommes rentrés dans notre famille. Mira devait être aussi aimée d'une femme. Nous les hommes, avec toutes les bonnes volontés qui soient nous ne pouvions combler le besoin affectif d'une présence maternelle bonne pour l'évolution de Mira. C'est donc une tante à mon père qui s'en occupa à notre retour. Cependant ma présence restait régulière auprès d'elle, j'aimais cette enfant avec une force invisible qui nous unissait. Ce n'était pas seulement l'amour qu'un frère et une sœur éprouvent, cela dépassait les sous-entendements, c'était plutôt une sorte de chaîne indestructible qui nous reliait. C'est celle-ci, je pense, qui nous permit bien des années après de nous retrouver. Je n'ai jamais perdu espoir de la revoir, même si quand j'ai confié Mira à une famille tzigane, mon cœur se déchira.

Horrifié, je dis à mon oncle !

— Mais... je ne comprends pas pourquoi as-tu confié ta petite sœur et pour aller où ? Plusieurs questions se bousculèrent dans mon for intérieur, j'étais sidérée.

— Oh, ma cocotte, comment t'avouer toutes ses

obligations que nous avons dû endurer mon père et moi-même. Cette torture que nous avons infligée à Mira, être séparé des seins à tout juste 4 ans lui a laissé une amertume qui coule encore aujourd'hui dans ses veines.
Mais pour revenir au pourquoi du comment, je dois commencer par t'expliquer le déclenchement de toute cette sordide histoire.
— Je t'écoute tonton, lui dis j'en lui serrant la main fortement comme si je voulais lui donner le peu de courage qu'il me restait, car l'appréhension de toutes ses révélations m'affaiblissait et me nouait l'estomac. Ce passé, je pense, est bien trop douloureux pour toi, mais tu sais tu n'es pas obligé de tout me raconter, tu peux juste t'en tenir au déroulement principal si tu le souhaites. Espérant fort qu'il en soit ainsi. Au plus profond de moi-même je voulais que la vérité éclate, mais une peur terrifiante et envahissante me conduisait a prié que tout s'arrête. Madame lâcheté faisait son retour à mon plus grand dam.

Mon oncle me gratifia d'un sourire obligeant et continua son récit.
— Mon père nous avait ordonné de fuir, de nous exiler en France, ce pays était une terre d'accueil pour les immigrés d'après ses dires. Il était d'origine tzigane, ce qui lui valait ce fort tempérament. Pour lui, il était bien trop risqué de rester en macédoine. Le pays serait sans tarder aux mains de nouveaux dirigeants et il ne voulait pas que ses

enfants courts le moindre risque. Ce goût amer de la désillusion qu'il avait connu 4 ans auparavant, à cause de son sens du devoir et de son caractère de feu avait engendré cette lourde défaite de lui-même. À son plus grand regret, il avait dû enterrer la mère de ses enfants au pied d'un pin des Balkans, lieux où il ne peut jamais aller se recueillir.

Avec tout le recul nécessaire face à toute cette souffrance, mon oncle s'arrêta un instant pour chercher l'air qu'il lui manquait, comme toujours quand il parlait de sa mère. Cette pause je le lui accordai sans le moindre mot juste avec un regard plein d'affection et ma main toujours dans la sienne.

Nous étions toujours assis sur la couverture au sol, mais le froid commençait à se faire ressentir. Je savais que cette partie de confession arrivait à son terme, je n'allais pas tarder à devoir rentrer à la maison sinon mes parents commenceraient à s'impatienter. Trois heures étaient déjà passées au compteur. Je le laissai donc continuer avant de choisir le moment opportun pour l'interrompre.
Il reprit avec le plus grand calme, cherchant à contrôler par cette manière toutes ses émotions négatives difficiles a maîtrisé qui essayait de refaire surface.
— Je me souviens bien de ces instants où mon père s'est repenti auprès de moi de toutes les culpabilités qui pesaient sur sa conscience. Ceci afin d'exorciser toute cette douleur qu'il avait emmagasinée au court de cette expédition d'où il est

revenu délester d'une partie de lui-même. Il en profita aussi pour me confesser qu'il était confondu contre son gré à une sombre histoire qui lui valut d'être pourchassé par la mafia. Là où est aussi venue s'entremêler la dette, du sang a toute cette tragédie. Tout cela parce qu'il avait sauvé une vie. Celle du jeune fils d'un noble opposé à ces convictions politiques. Il a souhaité me retracer cet événement dans les moindres détails, puisqu'à l'heure où il me citait les faits j'étais en âge de comprendre. Mais toi ma cocotte, je souhaite d'épargner de tous ces détails.
— Tu as bien raison tonton, après tout ceux-ci ne me concernent pas directement. Les malheurs de guerre et de rébellions ne font plus partie des nouvelles générations. Un nouveau vent souffle sur nous celui de l'émancipation des femmes et je plaide cette cause haut et fort. Enfin bon, je m'égare la… moi aussi je suis une rebelle à ma manière, mais avec beaucoup moins de courage que toi lui avoué-je.

Malgré l'obscurité, juste allumé par nos lampes de poche, je crus déceler une once de curiosité illuminée son iris après cette subite révélation.
— Et ben, dis-moi, tu es amusante. Quelle cause tu veux défendre ? Le droit des femmes, mais pour quelles raisons ? Vous étés pas assez reconnus tu trouves ? me dit-il
— Oui exactement ! Je tacherais de reprendre cette

conversation avec toi plus tard en tant qu'homme ton avis compte plus que tout.
— Comment ça en tant qu'homme ! Je vais te le donner mon avis et tout de suite ! me répondit-il fâché.
— Une femme se doit d'être avant tout, une bonne épouse et de préparer le repas pour son mari quand il revient d'une dure journée de labeur, me résuma-t-il
— Oh, mon dieu tonton, je ne te savais pas si sectaire ! lui avoué-je.
— Bon, petite ! Tu as raison, on parlera plus tard de tes états d'âme. À mon avis le sujet est sensible pour nous deux. On ne va pas finir cette soirée en se disputant me dit-il en souriant.
Et comme je ne peux me résoudre à faire ma tête de mule devant son chaleureux sourire, je le conduis sur notre précédente conversation sans oublier ces sous-entendus sur mes états d'âme preuve qu'il ne me prenait pas au sérieux. Enfin je trouverai plus tard le moment choisi pour remettre ça sur le tapis me pense je avec ténacité.
— Alors, tonton, pour reprendre, ton père te fit rencontrer une famille tzigane pour voyager avec vous ?
— C'est cela, il organisa un rendez-vous un soir au bord d'un lac près de chez nous pour nous présenter la première famille avec laquelle on commencerait notre périple. Puisque d'autre allaient suivre, jusqu'à notre destination finale la terre promise. Il avait tout programmé pour notre

sécurité. Il nous avait même armés Mira et moi d'une participation financière pour parer à toutes les difficultés à venir. Je me souviens précisément ce qu'il me dit quand j'ai voulu des explications au sujet de tout cet argent et des 4 pierres précieuses qui se rajoutaient à tout ce magot.
— Ne pose pas de question mon grand, prends ça et tais-toi ! Allez-vous-en loin d'ici tu as compris, ta sœur et toi ! Voici la seule explication qu'il a bien voulu me donner…
Ce père, détesté tant de fois, à qui je vouais une dévotion particulière est resté en macédoine pour combattre et plaider sa cause comme le meilleur révolutionnaire qui soit.

À cause de toutes ses nouvelles révélations, les mots tels que « migrants, clandestins, exils » que mon oncle venait de citer sont venus se percuter dans mon esprit. Consciente de ne pas être assez forte pour tout affronter maintenant j'avais besoin de prendre du recul face à la situation. J'essayai donc de donner le change auprès de mon oncle en feignant une grosse fatigue. Alors en le coupant dans son élan, je lui dis.
— J'ai besoin de dormir tonton.
— Mais bien entendu ma cocotte va donc te coucher. On part dans trois jours à Sonnet, je finirais mes confidences au cours de notre séjour.
Je le regardai inquiète et exciter à la fois, en lui souhaitant bonne nuit. Bientôt je serais…

De la maison de retraite à chez moi

Anne et Corine : le 1er août 2020

Aujourd'hui, c'est le grand jour, maman s'échappe de sa maison de retraite pour venir passer deux jours entiers à la maison. Quelle joie pour elle de se retrouver en famille. Il fait encore très chaud, la canicule est toujours présente. Nous resterons donc à l'intérieur pour se rafraîchir du mieux que l'on peut. Je suis allée la chercher avec mon mari à 10 h du matin.

Au cours de la journée, elle reçut la visite de sa petite fille et son conjoint, plus de leurs fils donc de son arrière-petit-fils. Tous ses instants de bonheur l'ont « émotionné » ... comme elle dit...

En début de soirée nous avons échangé quelques confidences au sujet de la valise.

— Tu voudrais la voir la valise ? Demandé-je à maman.

— Ah non je la connais déjà, elle t'attendait dans mon grenier.

— Mais pourquoi ? lui dis-je surprise. Tu n'es donc pas curieuse de voir les documents, les photos du passé et les deux cartes d'identités du frisé qu'elle contient ?

— Si ma chérie, poursuivit-elle, mais comme tu le sais je ne voie pas assez clair, tout cela me fruste et m'attriste.

— Oh désolé maman, je ne voulais pas te mettre à mal, je me suis laissé prendre au piège de mon propre entrain, j'en ai oublié ta malvoyance.

— Ne t'inquiète pas quand ça vient de toi rien ne me fait du mal. Je sais que ce n'est pas volontaire tu ne

cherches pas à me blesser bien le contraire. Une fois que l'on m'aura opéré de ses maudites « cataraque », je m'en ferais une joie. Me répondit-elle peiner de son propre handicap.
J'ai quand même ouvert la valise pour essayer de lui faire voir au moins les cartes d'identités du frisé. J'ai même pris une photo avec mon portable pour ensuite zoomer celle-ci, mais rien à faire maman ne voie pas suffisamment.
— Laisse faire, reportons cela à plus tard ! Je n'y vois absolument rien me dit-elle pressé de passer à autre chose. Je ressens bien que cela l'ennuie et ce n'est pas le but de notre week-end. Nous avons eu une transmission de pensée à ce moment-là, puisqu'avant que je prenne la parole, elle me devança.
— Si tu veux, on peut reprendre l'épisode du Frisé à la bergerie, je n'ai pas tout fini de t'expliquer lundi quand tu es partie.
— Pourquoi pas maman ? Je me souviens que tu m'expliquais que certains mots du tonton étaient difficiles à attendre pour toi. Ils t'effrayaient apparemment. Je ne me trompe pas lui dis en l'interrogeant ?
— Effectivement, surtout « migrant, clandestin, exil » ceux-ci mon hanté jusqu'à notre départ pour chez cousine Jeannette. Mais heureusement lors de cette confession, les vacances de Pâques avaient débuté. Il me restait plus que 3 jours à patienter avant de partir.

Alors, comme l'avait programmé le tonton, nous partîmes ce jour-là, en car pour le village de Sonnet. C'était un mardi, je crois, mais je ne suis pas sûr à cent pour cent. En même temps cela n'a pas grande im-

portance. Tu ne m'en voudras pas de ne pas connaître le jour exact ma chérie, me dit maman en riant.
— Ah non pas vraiment, je peux facilement comprendre que tu ne peux te rappeler de tout. Tu as déjà une très bonne mémoire, alors me dire si c'était un mardi ou un mercredi n'est pas une fin en soi. Lui répondis-je.
— Donc pour reprendre me dit-elle, je le suivis docilement, car il connaissait le chemin par cœur pour l'avoir déjà fait. Il était venu me rejoindre au cours de mon dernier séjour. Enfin je ne serais dire vraiment si c'était moi ou ta grand-mère ? Toujours est-il que toutes ces manigances me dérangeaient et me poussaient à m'interroger sur leur relation déjà à cette époque. Je me souviens comme maman paraissait contrariée de le voir arrivé à l'improviste.
— Bon voilà, je me suis perdu dans mes propres réflexions, ou en étais-je déjà ? me demanda-t-elle. Je lui répondis en souriant gentiment.
— Que le tonton connaissait bien le parcours en car pour se rendre à Sonnet.

— Ah oui, donc on prit ce car au départ de Saint-Étienne jusqu'au lieu de notre arrivée. J'avais hâte d'être assise à côté de lui pour que l'on puisse enfin reprendre le cours de notre conversation secrète. On s'installa confortablement sur un siège côte à côte. Notre départ était prévu pour 8 h. il nous restait encore 20 bonnes minutes à attendre, plusieurs passagers prirent encore place après nous. Je m'amusais à regarder monter les gens dans l'auto bus l'un après l'autre pour tuer le temps. À un moment, une grosse dame prit place sur le siège au même niveau que moi juste le couloir nous séparait. Elle me regarda en me gratifiant d'un sourire que je lui rendis. Si à cet instant, j'avais su que je tomberais quasiment sur elle et qu'elle saurait ma sauveuse. Je ne l'aurais pas cru. Mais seulement quelques kilomètres après notre départ, et tout cela dû à mon endormissement et au vrombissement du moteur qui m'avait bercé comme une petite enfant, je me suis laissé un peu trop allée loin de mon siège en penchant sur le côté… À ce moment-là, le chauffeur a dû donner un coup de frein sec. La gentille dame a eu juste le temps de me rattraper au vol avant que je m'étale de tout mon long. Ce qui a eu le don de déclencher un fou rire à mon oncle qui contamina cette gentille dame jusqu'au car entier. Même moi je ne pus retenir mon propre fou rire. Ah il commençait, bien notre voyage. Je repris mes esprits et entama de parler des plus sérieusement possible à mon oncle tout en remerciant ma voisine. À ce moment-là, il devait nous rester 1 h de car. Ce qui nous laissait encore du temps pour que mon oncle puisse retracer certains événements importants de sa vie maintenant qu'il était prêt pour cela.

Alors en essayant de communiquer avec lui autant possible qui soit, je ressentais bien que son fou rire au sujet de mes périphéries n'était pas complètement estomper. Je me devais donc de retrouver mon propre sérieux sinon la partie n'était pas gagnée. Ce qui fut irréalisable. Alors la fin de notre voyage se passa dans la joie et la bonne humeur.

∞∞∞

Le 1er/2 août 2020

Anne et Corine :

De nos jours : À la maison.

Le samedi arrivait à sa fin, l'heure du coucher approchait maman bayait aux corneilles. On se souhaita bonne nuit en regagnant respectivement nos chambres.

Le dimanche matin au réveil, maman est en pleine forme. Après un petit déjeuner copieux, c'est elle-même qui me relance sur le contenu de la valise. Je saisis vite cette occasion, au cas où elle m'échappe.

— Dis-moi Corine, j'ai réfléchi au contenu de la valise hier soir en me couchant. Tu me dis que le frisé avait deux cartes d'identité et que des documents officiels étaient en sa possession. Tu voudrais bien me les montrer enfin plutôt me les décrire et me les lire ? Je pense que cela peut être une bonne façon de procéder puisque ma vue me fait défaut. Tu veux bien s'il te plaît ?

— Mais oui c'est une très bonne idée lui répondis-je. Je vais chercher la valise, elle est juste là, pas très loin.

Je l'ouvris et avec la participation de maman, nous partîmes dans l'exploration de son contenu. Je lui décrivis les cartes d'identités du « frisé », l'une était du 11 avril 1911, et l'autre du 11 décembre 1911, ce qui nous laissa perplexes. Laquelle de ces deux dates de naissance étaient la bonne et si du moins il y avait une ? On se mit d'accord sur le 11 avril, par

rapport que c'est elle ci qui était notifié sur son acte de mariage avec tantan Simone. Puis je lui présentais l'acte de naissance de ma grand-mère Margot le 28 février 1924. Maman en resta stoïque. Comment le Frisé avait pu conserver tous ses documents pendant toutes ses années ? Même les cartes d'identité de mes arrière-grands-parents étaient présentes, comme celle de mémé Sophie et de pépé Marius ainsi que toute une série de photographies, dont les plus anciennes dataient de 1920. Toutes ces révélations perdirent maman dans la nostalgie d'une époque, son époque. On découvrit même ensemble, je ne l'avais pas vu auparavant, une clé dans une enveloppe avec un numéro inscrit, sûrement celle d'un coffre...
Maman me posa la question d'un air songeur,
— C'est quoi cette clé maintenant ? Mais quelle énigme cette valise ! Une de plus qui vient se rajouter à la médaille de Mira et aux cartes d'identité.
— Pour être un mystère, c'est un mystère, lui répondis-je.
—Beaucoup trop de mystère entoure cette valise et puis tu me parles de l'acte de naissance de ta grand-mère Margot ? Redis-moi la date s'il te plaît ?
— Attends, il faut que je retrouve, je me souviens plus !
Maman attend impatiemment, quelque chose la dérange, il me semble !
Après avoir lu, je lui dis :
— Mamie était née, le 28 février 1924.
—Oh mon dieu ! s'exclama-t-elle interloquer, mais comment a-t-il pu ?
— Comment a-t-il pu quoi ? Et qui ? Le tonton, c'est

bien ça ?
— Oui, en effet « le Frisé » me hurla-t-elle dessus, comme si elle voulait qu'il entende de là-haut !
—Mais, c'est cet acte de naissance qui te perturbe autant ? Je ne comprends pas ! lui répondis-je d'un air surpris.
— Referme la valise me dit elle ! Et viens t'asseoir en face de moi sur ton fauteuil. Mettons-nous à l'aise, car le moment est venu, je pense, de te révéler ce lourd secret de famille si bien gardé pendant toutes ses années, comme me l'avais demandé tonton frisé. Je me devais le garder enfoui au plus profond de moi-même. Mais puisqu'il a souhaité que tu hérites de sa valise avec tous les secrets qu'elle garde précieusement, je ne peux te laisser face à l'ignorance. Tout cela serait bien trop perturbant pour toi. Je dois te révéler à mon tour cette étrange histoire que mon oncle m'a confié, il y a maintenant 60 ans lors de notre dernier séjour à Sonnet.

∞∞∞

Anne et Frisé :

Avril 1959, chez cousine Jeannette à Sonnet :

Nous sommes arrivés à Sonnet, chez ma cousine qui nous attendait avec impatiente. Sa joie de nous revoir resplendissait sur son visage, elle était toujours aussi jolie et pétillante ma cousine Jeannette. Quel bonheur d'être auprès d'elle à nouveau. Son fils George avait bien grandi, il ressemblait comme deux gouttes d'eau à son papa. Trois ans que l'on ne s'était pas revu que le temps passe vite !
En me serrant fort dans ses bras, elle me dit :
— Que tu es devenue belle Anne, une vraie jeune fille m'assura-t-elle. En m'écartant de ses deux bras pour me contempler.
Je lui répondis comblée de ses compliments :
— Toi aussi, cousine, tu es très épanouie, n'osant pas lui dire que je trouvais qu'elle avait un peu grossi...
Me voyant gênée, elle s'esclaffa tout en me prenant ma main pour la porter sur son ventre rebondi en me faisant remarquer.
— Ne fais pas cette tête, George va bientôt être un grand frère, dans 4 mois d'après le docteur !
— Oh que je suis contente pour vous tous ! lui dis-je en l'embrassant.
À ce moment-là, mon oncle frisé qui observait la scène gentiment prit la parole.
— Toutes mes félicitations Jeannette à toi et ton

mari, je suis heureux pour vous. Sinon, Léonie est-elle là ? Où se trouve-t-elle à son hôtel ?
Cousine Jeannette lui répondit :
— Oui, maman vous attend là-bas, votre chambre à vous deux est prête, vous venez avec moi que je vous y accompagne ?
Elle nous emboîta le pas. On la suivit avec nos bagages jusqu'à l'hôtel pas très loin où ma tante nous y attendait. Son air sévère et autoritaire était toujours bien présent. Ce n'était pas évident d'être à l'aise en sa compagnie bien qu'elle se révélât être très serviable et d'une grande générosité. Il est vrai que pour chaque séjour chez elle nous étions reçus comme des rois. Mon oncle s'avança près d'elle, en lui faisant le baise-main, toujours aussi élégant ce tonton, me pensé-je ! Léonie ne resta pas insensible à ce signe de galanterie, tout en évitant ce trouble occasionné par mon cher oncle, elle se ressaisit en nous servant une citronnade qu'elle nous tendit à chacun.
— Merci beaucoup, pour toutes ses intentions. Lui répliqua mon oncle. À chacune de nos rencontres, nous sommes reçus avec le plus grand soin.
— Mais absolument lui dit-elle, j'y tiens plus que tout, à chacune de vos visites bien que trop rares à mes yeux, je souhaite vous apporter tout le confort nécessaire pour votre bien être. Allons donc buvons notre citronnade, après je vous laisserais regagner vos chambres respectives pour vous rafraîchir un peu après ce long voyage en car. Il se fait bientôt 13 h, nous allons passer à table. Je vais de

ce pas en avertir mon chef cuisinier, on se retrouve dans la salle du restaurant dans une demi-heure, cela vous convient-ils ? Nous demanda-t-elle en s'adressant tout particulièrement au Frisé.

Ce qui me fit sourire, je pensais que ma tante Léonie n'était peut-être pas aussi froide qu'elle n'y paraissait. Son cœur ne demandait qu'à être réchauffé. Mais celui de mon oncle était déjà pris et elle le savait que trop bien. C'était le mari de sa nièce ! Peut-être qu'un jour le destin lui fera rencontrer un homme aussi courtois que celui-là...

On se retrouva tous ensemble pour le déjeuner autour d'un bon repas. Après nous sommes allés retrouver notre cousin aux champs de tabac. Cousine Jeannette ne nous accompagna pas. Sa grossesse lui puisait beaucoup d'énergie, elle alla donc s'allonger un moment avec son fils George. En fin d'après-midi, elle nous rejoignit, afin que l'on puisse discuter de ses dernières années, même si nous avions correspondu grâce à nos lettres respectives.

Pendant ce temps-là, nous avons donc eu la possibilité de nous retrouver ensemble mon oncle et moi pour les quelques kilomètres qui distançaient l'hôtel, des champs de tabac de Gaston. Tout en marchant, nous reprîmes donc ou notre conversation s'en était arrêtée quelques jours auparavant a « Valcherie » puisque dans le car notre sérieux n'était pas de mise, l'euphorie du moment l'avait emporté.

— Dis-moi tonton, une question me trouble régulièrement est ce que je peux te la poser ?
— Mais bien sûr me dit-il inquiet, c'est laquelle ?
— Pour t'expliquer au mieux, tu te souviens quand tu es venue nous rejoindre ici ? Maman était très contrariée, si bien qu'elle n'avait pas voulu toucher à son repas. Comme si ta venue lui avait coupé l'appétit. Je ne comprends pas maintenant pourquoi elle était aussi fâchée contre toi ? À l'époque comme tu le sais je pensais que vous étiez amant vous deux et que même tu pouvais être mon père. Mais tu m'as affirmé que j'étais dans l'erreur et que je vous avais mal jugé. Mais alors pourquoi était-elle autant en colère contre toi ?
— Hum ! Tout simplement parce qu'elle avait peur moi. Je lui avais annoncé quelque temps auparavant que je comptais repartir en Yougoslavie pour retrouver ma famille. Je l'avais laissée contre mon gré pendant la guerre. Mais tu sais, me répondit-il en laissant planer le mystère. Ce n'est pas la seule que j'ai abandonnée…
— Voilà pourquoi, ta mère abordait cette réaction. Mais le moment est encore mal choisi pour t'expliquer tous ses autres comportements étranges que tu as dû observer. Je dois dans un premier temps, reprendre là où je m'en suis arrêté la dernière fois. Je te parlais de ce fameux périple que Mira et moi-même avons entrepris et qui dura une année entière. Tous ces moments de peur et de doute étaient exigés par mon père, comme tu sais pour notre sécurité.

— Oui très bien je comprends, lui répondis je intriguée. Mais j'étais déçu qu'il coupe court à mes questions en suspens. Si tonton Frisé pensait ainsi, je devais respecter sa décision et attendre que le moment souhaité arrive enfin. Pour l'instant j'allais me concentrer sur ses talents de narrateur. L'écouter était un réel plaisir. Son année de fuite hors de la macédoine avec Mira sera certainement à la hauteur de toutes mes attentes. Après tout Mira était aussi une grande énigme et il me semblait que je commençais même à aimer cet enfant sans jamais l'avoir connu. Je m'interrogeais sur quel genre de petite elle était, et comment était-elle physiquement. Mon oncle ne citait jamais ses traits, mais pour quelles raisons ? Je sollicitais donc plus de détails auprès de lui pour assouvir ma curiosité.

— Dis-moi tonton, je peux te demander de me décrire ta petite sœur physiquement ?

— Mais oui bien sûr, cela t'intéresse donc et pourquoi ? m'interrogea-t-il soupçonneux.

— Simplement, parce que tu m'as déjà dit que l'on se ressemblait toutes les deux au même âge. Alors elle était un peu rousse comme moi ?

— Ah non pas vraiment, c'est vrai que vous avez des points communs, mais c'est plutôt dans votre façon d'être. D'apparence elle était plutôt brune avec de beaux cheveux soyeux si difficiles a coiffé. Ils ne tenaient jamais en place. Ils cherchaient toujours à s'échapper du moindre pique à chignon tout comme la petite fille qui les possédait.

Elle essayait en permanence d'échapper à ma vigilance, ce qui se révéla être pour moi une grande responsabilité surtout quand nous avons dû parcourir plusieurs pays en entier. Tantôt à pieds ou en roulotte, maintes fois, j'ai cru la perdre puisqu'elle était vive comme l'éclair.
— Oh mon dieu ! Pauvre tonton qu'est-ce que tu t'en es vu quand même ! Cela n'a pas dû être facile pour toi d'avoir toujours les yeux sur cet enfant. Une vraie petite diablesse !
Il me répondit de tout son sérieux avec son accent slave fortement prononcé qui venait trahir ses origines quand il ressassait des moments passés.
— Non pour moi c'était un réel plaisir. Elle était mon rayon de soleil, mon petit tourbillon de fraîcheur qui virevoltait autour de moi quand elle accompagnait les violons tziganes de sa voix cristalline qui montait en puissance. Sans elle, je n'aurais pas eu la force d'avancer tous les jours. Grâce à elle, tous mes instants de tourments et de doute fondaient comme neige au soleil.

Je lui répondis en m'imaginant Mira tel qui me la décrivit. J'étais sous le charme, elle devait être envoûtante, l'esprit tzigane du côté de son papa coulait bel et bien dans ses veines.
— Mais ! Elle n'était pas si grande quand même pour affronter tous ses bouleversements de sa toute jeune vie. Comment avait-elle réagi ? Quand tu as dû lui expliquer que vous deviez quitter votre famille et particulièrement votre père pour partir vers des terres inconnues.

— Je ne lui ai pas tout dit au départ. En premier, je lui ai simplement expliqué que notre père souhaitait que l'on rencontre les membres qui composaient la famille de la tante qui s'occupait d'elle depuis sa tendre enfance. Cette tantine qu'elle considérait un peu comme sa maman. Mira n'en a pas compris toutes les raisons et pourquoi voulait-on qu'elle quitte son village ainsi que toutes les personnes qu'elle aimait, pour parcourir le monde dans de drôle de roulottes avec des inconnus. Mais quand on a tout juste 4 ans, on n'a pas trop le choix de s'adapter et d'accepter ce que nous impose le monde des adultes. Elle était de nature joyeuse et son besoin de liberté que possèdent les gens du voyage, elle en avait hérité. C'est sûrement pour toutes ses raisons qu'elle vécut cette aventure sans se plaindre une seule fois. Elle aimait cette ambiance avec toutes les familles que nous avons rencontrées au cours de ce long voyage. Elle se sentait chez elle.
— Heureusement pour elle qu'elle possédait déjà le goût de l'aventure. Et alors, dis-moi tonton. Quelle direction avez-vous prise pour atteindre la France ? Jusqu'à quelle région êtes-vous remonté ?
— J'allais y venir. Avant que tu m'assailles de questions au sujet de Mira, me répondit-il amuser par l'entrain que toutes ses révélations occasionnaient sur moi. Nous avons dû remonter une partie de la Yougoslavie.

Comme nous arrivions à la hauteur de la plantation de tabac, nous décidâmes en commun accord que nous devions reporter cette discussion. Une fois arrivé vers Georges qui fut enchanté de nous revoir. Nous avons eu droit à une leçon sur la production du tabac de long en large ce qui apparemment plus à mon oncle, puisqu'il aimait fumer le cigare. L'après-midi passa ainsi à écouter attentivement cousin George et à visiter une partie de sa plantation qui parcourait tout de même plusieurs hectares. En soirée nous avons retrouvé toute la famille avec qui nous avons passé un très bon moment. Il est vrai que ma cousine était une hôtesse de maison très accueillante et amusante. Notre première journée se termina ainsi dans la joie et la bonne humeur.

Le lendemain matin, Jeannette nous a suggéré de nous accompagner au marché de fruits et légumes qui se tenait non loin de l'hôtel de Léonie.

— Comme cela, on pourra rapporter des provisions au cuisinier pour nous préparer un bon repas avec des produits frais de saisons, nous dit-elle enthousiasmer.

Cette idée nous enchanta, une promenade suivit d'un bon déjeuner, que demander de plus ?

En début d'après-midi, puisque pour ma cousine une sieste se faisait ressentir quotidiennement, on en profita donc pour reprendre notre discussion ou elle s'en était arrêté la veille. Il n'était que 14 h, toute l'après-midi s'offrait à nous. On orienta donc notre choix pour le bord de la rivière, une petite marche sous le doux soleil du

mois mars était idéale. Une fois arrivé, on s'installa confortablement sur la nappe à carreaux rouge que j'avais posée au sol, juste sortie du panier en osier préparé par tante Léonie. À l'intérieur nous attendait en plus un litre de citronnade ainsi qu'une petite tarte aux pommes.
— Quelle attention délicate de la part de Léonie., fis-je remarquer à mon oncle.
— Oui, tout cela me donne l'eau à la bouche. Heureusement que nous nous sommes un peu dépensés pour venir jusqu'ici après le bon repas qu'elle nous a offert. Sinon en trois jours nous aurons pris quelques bons kilos ! observa-t-il tout en regardant avec gourmandise, la magnifique tarte qui nous attendait pour le goûter.
— Sinon pour reprendre où nous nous en sommes arrêtés hier en arrivant à la plantation. Tu me disais que pour Mira, finalement sa vie n'était pas trop chamboulée. C'est bien cela ?
— Oui, c'est véridique. Cet enfant possédait un fort pouvoir d'adaptation comme peuvent être tous les enfants après tout ! déclara-t-il.
— Donc, tu m'as dit que vous avez traversé une partie de la Yougoslavie avec plusieurs familles tziganes. Comment vous êtes-vous organisés ? Ou les rencontrais-tu ? lui demandé-je, intéressée.
— C'est la première famille qui était responsable de nous conduire auprès de la deuxième et ainsi de suite. Tout était organisé en amont, tu t'en souviens ? me dit-il
— Oui un peu, tu m'en as déjà parlé. Mais tu étais

resté un peu vague sur le sujet. Moi je veux plus de détails, je suis curieuse, tu sais ! lui dis-je en nous servant une citronnade.
- Oh oui, je le sais que trop bien ! me fit-il observé. Je me doute bien que si je ne t'explique pas tout correctement tu vas me harceler de questions.
— Exactement tonton ! J'ai hâte de connaître comment les gens du voyage vivent aussi libres que l'air sans jamais poser leurs bagages toujours sur les routes.
— Eh oui ! les gens sont très fiers dans cette communauté dont je fais partie. Ils ne reculent jamais devant le danger, me déclara-t-il ! Et puis c'est aussi grâce au sens rigoureux de mon père. Il était craint parmi ce peuple. C'était un meneur, une sorte de chef à qui on devait le respect pour ses actes de bravoure. Des acquis qui lui assuraient une popularité au cœur de toutes ses braves personnes qui ont su être très vigilantes pour notre protection. Donc notre point de départ pour rejoindre la France fut la macédoine. Comme tu t'en doutes ! Suivit l'Albanie par les montagnes. Exactement, la même route que notre première tentative avec mon père et ma tendre mère, puis nous avons coupé par la mer, ou nous avons embarqué sur un bateau de fortune pour l'Italie. Les passeurs comme ils s'appellent profitaient de nos situations difficiles pour réclamer plus d'argent que de nécessaire. Déjà à ce moment-là, j'ai dû ouvrir la bourse que notre père m'avait confiée pour notre sécurité. Je me devais d'être très attentif

pour que celle-ci reste juste en ma possession et de toujours la maintenir en toute sécurité. Surtout les quatre pierres précieuses que j'avais pris soin de coudre avant de partir dans la doublure de mon veston.

Trois mois s'étaient écoulés depuis notre au revoir poignant avec père et nos proches. Que de douloureux souvenirs... si tu veux bien je ne préfère pas énumérer ses moments. Cette souffrance emmagasinée est toujours bien trop présente. Je ne souhaite pas m'y attarder, me confessa-t-il.

— Bien tonton je n'y vois aucun inconvénient. Cela t'épargne et moi aussi par la même occasion, continue donc !

— Alors, quand nous sommes arrivés à bon port pour notre traversée pour l'Italie, nous avions déjà comptabilisé 3 familles. Celle de Macédoine, puis celle des montagnes albanaises et celle du bord de mer pour notre partance en Italie. Que de dures aventures nous avions du vivre tous les deux, surtout pour une petite fille de 4 ans. Nous marchions beaucoup toute la journée pour arriver au plus tôt à destination. Pour Mira, ses petites jambes ne la portaient pas assez solidement après de si longues distances. Heureusement la famille des montagnes avait prévu deux ânes pour nous épargner un peu de fatigue. Une ou deux roulottes suivaient le cortège, mais la place était moindre à l'intérieur, du au quelques meubles précaires et les malles. Il restait juste un peu d'espace pour de vieilles dames qui ne pouvaient plus tout faire à pied comme dans le temps. Malgré tous ses tracas, Mira savait tirer profit de son joli visage poupin. Elle agrippait ses deux petits bras potelés autour du cou de celles-ci et tranquillement installés sur leurs genoux, elle se voyait quelques kilomètres épargnés.

— Qu'est-ce qu'elle devait être attachante Mira ! Dis-je tout haut ce que je pensais tout bas.

— Et très futée aussi ! me clama mon oncle. On devait éviter absolument de se lier d'affection auprès de ce peuple qui nous accompagnait le long de notre route. Mais il était plus facile de le dire que de le faire… D'après les dires de mon père, nous devions surtout penser à notre propre évasion de nos terres infectées par ces nouveaux partis politiques. Que notre seule ambition soit de rejoindre la France coûte que coûte. Enfin, tout cela est bien loin maintenant… je t'épargne notre traversée ou plusieurs personnes abord ont perdu la vie, dont des enfants. Ils se sont noyés. Impuissant nous n'avons pas pu les sauvés et puis ma seule préoccupation était que Mira et moi-même gardions la vie sauve. Même si tout cela peut te paraître cruel, à cette époque vivre était notre seul enjeu.

— Non cela ne me paraît pas cruel, mais juste horrible. Quelle injustice lui rétorqué-je d'un ton affable.

L'expression de son visage se transforma comme défigurer par ce cuisant échec d'autrefois.

— Passons à autre chose me dit-il, tu veux bien ?
— Quand vous avez posé le pied sur le sol italien, une autre famille tzigane vous attendait alors ? Lui demandé-je intriguée.
— Oui, et heureusement nous étions à bout de force. Cette traversée avait pris bien trop de temps. Notre survie avait été mise à rude épreuve. Mira, elle était très faible elle devait se nourrir au plus vite pour reprendre des forces et moi aussi. Grâce à Dieu, enfin il vrai que je l'ai appelé plus d'une fois au cours de toutes ses épreuves. Même si je ne croyais pas en lui. Je cherchais de l'aide à travers les cieux. Ce réconfort que l'on a obtenu était seulement dû encore et encore à ces familles à qui notre cher père nous avait confiés. Comment nous retrouvaient-elles ? Je n'en ai absolument pas la moindre idée. Mais toujours est-il, qu'elles faisaient acte de présence à chaque changement de situation. Notre remontée de l'Italie dura 4 mois, aucun inconvénient majeur n'est survenu. Le principe de voyager en roulotte s'est avéré très judicieux. Mon père était excellent calculateur. On n'avait subi aucun contrôle, puisque la principale activité des gens du voyage est de parcourir les routes. Comme pour ce peuple la relation à la famille était fondamentale, nous étions accompagnés en sécurité. Après notre sortie d'Italie, nous nous sommes dirigés sur la Suisse. Comme d'ordinaire une nouvelle famille nous y attendait, aussi attachante qui soit. C'est là où a commencé à germer l'idée de mon retour auprès de mon père. Une fois

que j'aurais trouvé la famille idéale à qui confier Mira, arrivé en France. Je devais penser à sécuriser mon avenir si je voulais avoir la chance de retrouver mes proches. Je mis au point de garder le contact avec cette famille bien particulière. Au cœur de celle-ci se trouvait un des frères de mon père qui avait dû s'exiler ici, à la suite d'événements troublants en Macédoine. Comme la Suisse était un pays neutre, c'était l'endroit le plus sécurisé pour lui. Nous nous donnâmes donc rendez-vous, dans la capitale du pays à Berne, exactement dans 3 mois jour pour jour. Enfin au bout de 9 mois de long et périlleux voyage, qui malgré tout s'était fort bien déroulé grâce à quelques pâtes que j'ai dû engraisser pour plus de satisfactions.
— Mais tonton, c'est quoi cette déclaration que tu me fais ? Qui as-tu soudoyé et pour quelle raison ? Pour rentrer en France et repartir. C'est bien cela ? Tu voulais retrouver ton père ? Je peux t'avouer quelque chose ?
— Oui, ma cocotte, dit moi !
— Je suis perdu tonton. Ton passé est vraiment très compliqué et troublant. Je crois que le moment est venu de manger cette jolie tarte que Léonie nous a gentiment offerte.
— Effectivement c'est une très bonne idée. Après cette pause bien méritée, je reprendrais le cours de mon histoire qui me semble t'a un peu égaré ! me dit-il en se moquant de moi gentiment.
Une fois notre part dégustée, mon oncle reprit donc où il s'en était arrêté.

— Pour t'expliquer la fin de notre périple. Nous avons regagné la France en longeant la frontière allemande. Arrivée dans ce nouveau pays, la première barrière qui fut la plus difficile à lever, fut celle de la langue, m'avoua-t-il en faisant un jeu de mots (lever une barrière quand on passe les frontières en toutes illégalités était une déclaration assez pointue !) Je ne parlais que les différents dialectes de mon pays, mais pas le français. Grâce à l'agilité de mon cerveau et de l'intelligence que le ciel m'avait donnée, comme me l'avouaient régulièrement tous mes frères de cœurs avec qui j'avais parcouru les différents chemins jusqu'à ces portes d'une présumée liberté. Je me suis donc très vite familiarisé avec ce nouveau parlé. Ce qui me fut d'un grand secours pour toutes les stratégies que j'allais mettre au point rapidement. Une nouvelle famille nous attendait à Strasbourg comme d'ordinaire. Jamais nous aurons eu le moindre doute de ne pas être accueillie Mira et moi. Tout cela en devenait même une habitude de vie tellement rassurante. Ma petite sœur était si joviale et son petit tempérament faisait la joie de toutes les « mamas ». Les hommes aussi aimaient la solliciter dès qu'un instant se présentait, pour les accompagner de son chant puissant, sur les accords de leurs violons et guitares. Que d'agréables moments nous avons vécus ensemble les soirs autour du feu, malgré la pression de notre fuite et de notre esprit toujours aux aguets. Puis nous avons passé Nancy et notre arrêt final fut Reims. C'est dans cette ville qu'une famille était prédisposée à s'occuper de Mira. Tout cela à cause d'un grand malheur qui venait de frapper ce père et cette mère de plein fouet. Eh oui ! Comme tu le sais, je cherchais une famille d'adoption pour Mira afin qu'elle obtienne la nationalité française et qu'elle soit ainsi protégée.

— Ah non-tonton tu te trompes. Je ne savais pas que Mira serait plus yougoslave, mais française après votre traversée de tous ces pays.

— Tu crois me répondis-il surprit ?

Il est vrai qu'il m'avait tellement raconté d'événements ces derniers temps qu'il était difficile de se rappeler de tout.

Estomaquée, je lui demande,

— Alors, mais c'était quoi ce drame qui a terrassé ces pauvres gens ? Dis-moi !

— Il venait juste de perdre une enfant de l'âge de ma sœur. C'était le plan idéal. C'est mon oncle, tu te souviens ? Celui exilé en suisse, qui était informé de ce drame. Notre communauté fonctionne par « le bouche en oreille ». Jamais de tracer. Comme cela on ne peut pas être retrouvé ni pourchassé. Les preuves réelles n'existent pas. C'est donc lui qui m'avait donné ce contact à Reims. Ces braves gens m'attendaient comme un sauveur. Peut-être que ma sœur que j'allais leur confier leur allégerait leurs douleurs ? Je n'aurais su le dire, mais pour Mira et moi ce scénario nous profitait à ravir.

— Tu as donc laissé ta sœur à ses gens que tu ne

connaissais pas ! Lui dis-je effarer.
— Oui en effet, la situation s'y prêtait à merveille. Leur pauvre petite fille décédée quelques mois auparavant avait presque le même âge que Mira jour pour jour. Ainsi elle pouvaient prendre les papiers d'identité de cet enfant et le tout était joué. Ma sœur devenait quelqu'un d'autre en quelques tours de passe-passe…
— Et toi tu as fait quoi alors ? Comment as-tu pu repartir en Macédoine auprès de ton père en laissant Mira derrière toi ? Seule aux mains d'étrangers ! lui dis-je en sentant la colère montée en moi contre lui. Sans réaliser que cette épreuve alors était la pire tragédie de sa vie.
— Comment tu peux me faire de tels reproches ! Tu ne peux certainement pas comprendre ma douleur occasionnée et ressentie à cet instant. Ma seule préoccupation était d'épargner Mira. Il est vrai que je l'ai abandonné pour rejoindre notre père. Mais à cette époque les situations de vie ne ressemblaient aucunement à celle d'aujourd'hui. Mais tu le sais parfaitement et au fond de toi je sais que tu peux me comprendre ! Si tu essaies du moins !
— j'essaie tonton. Mais ta petite sœur quand même ! Comment as-tu fait par la suite pour avoir de ses nouvelles et savoir si elle se portait bien auprès de sa nouvelle famille ?
— Elle se portait bien, me dit-il en cherchant à me rassurer ! Du moins je l'espérais après le pactole que j'avais laissé à ses nouveaux parents. Je les

avais mis à l'abri du besoin pour quelques années. Grâce à tout cet argent, ils ont pu s'acheter une belle demeure pas très loin de Lyon. Je me souviens à l'époque, ils ont parcouru Reims pour leur nouveau lieu de vie à pieds avec leur fille aînée et Mira. Tout cela j'en étais informé puisque le père, un homme d'une grande froideur et d'un aplomb inébranlable, me faisait remonter toutes les directives que je lui avais ordonnées par mon oncle. Qui a son tour, transmettais à une autre famille jusqu'à moi. Tu sais le fameux « bouche en oreilles » ! me rappela-t-il. Je les avais menacés que si je savais la moindre méchanceté occasionnée à ma petite sœur, je reviendrais tôt au tard pour me venger. Ils ont pris cette revendication avec la plus grande attention. Le regard bleu acier de cet homme sur moi me glace encore. Il pouvait vous terrasser d'un seul éclat de sa prunelle. Je ne me suis pas démonté, mes peurs j'avais appris à les maîtriser et ne pas les laisser transparaître, même si je n'étais qu'un jeune homme. Après tout il était loin d'être à plaindre niveau financier. Il était épargné de toute mendicité. J'avais même donné une de mes pierres précieuses, une belle émeraude a la nouvelle maman de Mira pour que celle-ci soit toujours en sécurité. Cette femme m'en avait garanti. Toute sa vie serait dévouée à cette enfant que je lui donnais en remplacement de celle qu'elle pleurerait à jamais. Que personne ne saurait jamais au courant de leur pacte et de l'existence de cette pierre. Elle sera toujours sous sa protection tout comme Mira. Sans aucune crainte je crus cette petite dame maigrelette coiffée d'un béret. Elle inspirait l'honnêteté et le respect.

Une petite dame coiffée d'un béret... Ce cliché qui s'affichait dans mon esprit ne mettait pas inconnu. Enfin pour l'instant je buvais littéralement les paroles de mon oncle. J'y réfléchirai plus tard me pensé-je en mon for intérieur.
Mon oncle prit une grande inspiration puis reprit son récit :
— Je mettais fais le serment de la retrouver par tous les moyens une fois toutes mes obligations terminées. Je suis reparti, c'est un fait pour combattre avec mon père toutes ses injustices que traversait notre pays. Il nous en a fallu du temps, beaucoup de sang à couler. Mais moi j'étais mains et poings liés en Yougoslavie. Je ne pouvais pas revenir en France. Je n'avais pas réussi à obtenir la nationalité française malgré plusieurs tentatives. Je suis revenu auprès de Mira que bien des années après. Je lui en avais fait la promesse ! Il m'aura fallu 17 ans pour la retrouver. C'est cette maudite seconde guerre mondiale qui est maintenant derrière nous, qui m'aura laissé une ouverture pour revenir auprès d'elle. Nous les Yougoslaves, nous étions sollicités pour travailler dans les mines de charbon en France, donc j'en ai profité. J'étais alors âgé de 31 ans et Mira de 18 ans. Elle était mariée et attendait un enfant quand je l'ai retrouvé par pur hasard. Pour faire court, quand je fus transféré dans les mines de fond, ce travail se situait dans

notre région. Et pourtant, celle où j'avais confié ma petite sœur était à plusieurs centaines de kilomètres d'ici ! Tu peux comprendre que je n'ai pas fait la relation directement. Et puis, elle avait grandi. C'était une très belle jeune femme. Quand je l'ai revue, j'ai reconnu cette lueur qui brillait dans son regard noir. Celle-ci était encore bien présente. Mais, c'est surtout ce grain de beauté en forme de cœur, sa marque de naissance qu'elle possédait au-dessus du coin de sa lèvre. Qui me confirma que c'était bien elle. En évoquant ces moments de tristesse, mon oncle se couvrit le visage de ses deux mains en disant d'un cri venant du fond du cœur !

— Oh mon dieu ! Mira tu étais si petite à cette époque. Pourras-tu me pardonner un jour et puisse aussi cesser cette peur de me perdre à nouveau et de me voir m'éloigner !

Cette scène qui se déroulait devant mes yeux me déconcertait. Comment pouvais-je lui répondre ? Puisque ce n'est pas à moi qui implorais le pardon, mais a Mira !

En se ressaisissant, il releva la tête pour me fixer droit dans les yeux puis me dit en essayant de me persuader d'y réfléchir.

— Tu ne fais pas le lien ma cocotte ?

Comment ne pas faire de liens, toutes ses similitudes entre ses personnages que m'évoquais mon oncle me troublaient. En premier : le regard bleu acier, puis la dame au béret, la belle demeure vers Lyon et son retour auprès de Mira. Certains liens correspondaient entre eux, mais enfin et surtout ce grain de beauté que je connaissais que trop bien je ne pouvais l'ignorer. C'était quoi toute cette comédie… c'était sur je savais… non je ne pouvais pas savoir ? Enfin si ! Oh et puis je remarquais bien que mon oncle m'indiquait une certaine voie à suivre dans son discours. Tout cela était si intrigant. Il était clair que j'avançais à grands pas à son côté sur la route de la vérité. Alors j'osai lui demander.

— Tonton est ce que le destin de Mira a croisé le mien et celui de ma propre famille ?

Il me répondit par un signe affirmatif de la tête aucun son ne put sortir de sa bouche. Comme si exorciser ses mots étaient d'une violence inouïe !

Je ne pus que l'implorer alors pour enfin savoir qui était Mira et où elle était de nos jours et en ce moment précis. Une intuition me soufflait qu'elle n'était pas très loin de moi.

Après cette douce après-midi au bord de la rivière, je me sentis légère comme une plume. L'horizon s'éclaircissait enfin. Mais je fus aussi lesté d'un bien trop lourd secret à garder…

Nous sommes rentrés pour le souper auprès de nos proches. Notre petit séjour touchait à sa fin et comme toujours nous étions tristes de nous quitter. On promit de revenir pour la naissance du bébé. Ce qui enchanta ma cousine. Mais peut-être qu'elle nous fera elle-même une visite, enfin si seulement Gaston pouvait se libérer. Cette plantation lui prenait tout son temps, nous dit-elle lasses et fatiguées.

Le lendemain nous prîmes le même car, mais pour le trajet inverse. Je songeai à m'organiser ainsi pour faire la connaissance de l'enfant de Jeannette quand il arrivera dans ce monde. Après tout il n'était pas si compliqué de se déplacer avec ce mode de locomotion.

De retour à « valcherie ». De loin je vis maman. Des larmes se mirent a coulées sur mes joues et mon cœur s'emballa. En m'approchant d'elle, je l'attire dans mes bras pour la serrer fort contre moi. Surprise, elle me re
garda avec insistance. Alors à ce moment-là, je lui dis doucement au creux de son oreille. Bonjour Mira !

Corine et Anne :

Suite du week-end du 2 août à la maison :

Corine :

Quand maman me confia toutes ses vérités vieilles depuis plus de 60 ans. J'ai bien cru que je ne me relèverai pas de ce fauteuil où elle m'avait demandé de m'asseoir. C'était sûrement une tradition familiale, puisque mon tonton Frisé avait aussi souhaité que maman prenne place dans un fauteuil lors de sa confession... Tout prenait forme, la médaille, l'acte de naissance. Tous les secrets de cette valise formaient une farandole dans ma tête. Tout tournoyait, mes repères s'effondraient un à un. Mais surtout s'inscrivait en rouge ce prénom que j'aimais tant. « Mira ». La vraie identité de ma grand-mère. Ma mamie que j'ai toujours admirée à travers son intelligence et ce sentiment qu'elle procurait... la liberté avant tout !

Fin

Épilogue :

Tout au long de ce récit la maman que j'ai connue enfant c'est révélé être toujours bien présente, juste un épais et toxique brouillard perturbait ses émotions qui la faisait se replier sur elle-même corps et âme. Cette merveilleuse fée qui se penchait au-dessus de mon berceau étant bébé. En grandissant, tu as continué de t'asseoir auprès de moi pour me lire de merveilleux contes.

Grâce à toi et à cette nouvelle histoire que tu m'as contée tous les matins au téléphone pendant le confinement, j'ai pu me projeter dans une autre dimension pour vivre ces moments difficiles loin de toi en toute sérénité.

Aujourd'hui quand je ne peux être auprès de toi je t'appelle pour entendre ta voix si douce et souriante, en espérant redevenir l'enfant que j'étais juste un instant.

Remerciements

Un grand merci à ma maman pour son accompagnement, sans qui ce livre n'aurait pas pu être écrit.

Merci, à Élodie, Yamina et ma belle-sœur Laetitia pour leurs soutiens et conseils.

Merci à mes deux enfants Victoria et Samuel pour leur amour et leurs encouragements.

Merci à mon mari,
De ta participation et de prendre le relais pour auto éditer ce livre, sans toi, il serait toujours coincé dans mon ordinateur. Je suis juste certainement plus doué avec les mots que l'outil informatique. Merci d'être mon compagnon de tous les jours qui croit en moi plus que moi-même.

Et bien sûr, un grand merci à mon petit-fils Dènyss, qui possède déjà le même amour que moi pour les livres.
Tu as su être à mes côtés du haut de tes 9 ans pour m'écouter corriger mon récit à voix haute, te trouver intéressé par tous ses moments de vie que ton arrière-grand-mère a vécue, et surtout les retenir. Tu es le plus merveilleux des petits garçons.

Un merci a tous les passionnés de lectures qui ont pris le temps de lire cet ouvrage.

∞∞∞

Printed in Poland
by Amazon Fulfillment
Poland Sp. z o.o., Wrocław

64821769R00143